CONECTADOS

Construindo relacionamentos para alcançar o sucesso e causar um impacto duradouro

PATRICIA BATHORY

Labrador

Coordenação editorial Pamela J. Oliveira
Assistência editorial Leticia Oliveira, Vanessa Nagayoshi
Direção de arte e capa Amanda Chagas
Projeto gráfico Vinicius Torquato
Diagramação Emily Macedo Santos
Tradução Marcia Maria Men
Edição de texto Histórias Bem Contadas
Preparação de texto Maurício Katayama
Revisão Iracy Borges, Gleyce F. de Matos

Dados Internacionais de Catalogação na Publicação (CIP)
Jéssica de Oliveira Molinari - CRB-8/9852

Bathory, Patricia

Conectados : construindo relacionamentos para alcançar o sucesso e causar um impacto duradouro / Patricia Bathory. São Paulo : Labrador, 2025.
224 p.

ISBN 978-65-5625-978-9

1. Desenvolvimento pessoal 2. Relações interpessoais I. Título

25-3925 CDD 158.1

Índice para catálogo sistemático:
1. Desenvolvimento pessoal

Labrador
Diretor-geral Daniel Pinsky
Rua Dr. José Elias, 520, sala 1
Alto da Lapa | 05083-030 | São Paulo | SP
contato@editoralabrador.com.br | (11) 3641-7446
editoralabrador.com.br

"Um roteiro imbatível para melhorar os relacionamentos mais importantes da sua vida."
MEL ROBBINS, autora e apresentadora do podcast *The Mel Robbins Podcast*

"Sempre acreditei que a felicidade nasce de bons relacionamentos e conexões fortes. *Conectados* apresenta pesquisas que explicam por que isso é verdade e mostra, com clareza, como fazer com que seus vínculos trabalhem a seu favor, e não contra você."
RODRIGO XAVIER, ex-CEO do Bank of America Merrill Lynch (Brasil), atual sócio sênior da YvY Capital e membro do conselho da Globo e da B3

"Muitos me perguntam qual o segredo do crescimento da minha empresa — se foi a ideia, a inovação ou a captação de recursos. Mas o verdadeiro motor do nosso sucesso está no propósito e nas pessoas que o tornam possível. Patricia Bathory entende que relações fortes são a base para colaborar, crescer e gerar impacto positivo. *Conectados* revela como construir esses laços."
FABRICIO BLOISI, CEO da Prosus, presidente do conselho do iFood, membro do conselho de inovação da XPRIZE e fundador da Movile

"*Conectados* traz evidências contundentes de que buscar a felicidade, isoladamente, é menos eficaz e inspirador do que perseguir um propósito significativo que a desperte. Combinando sua trajetória como empreendedora com a escuta sensível de uma psicoterapeuta, Patricia Bathory propõe uma abordagem inovadora e práticas para alcançar o sucesso."
AMMAR CHARANI, fundador do YPO Changemakers Club e autor de *Purposehood: Transform Your Life, Transform the World*

"Quaisquer que sejam nossos objetivos, precisamos de uma aldeia. Em *Conectados*, Patricia Bathory mostra como cultivar relações fortes e autênticas que impulsionam o sucesso e ampliam nossa capacidade de transformar o mundo de forma positiva."
BRAD ARONSON, autor do best-seller *HumanKind: Changing the World One Small Act at a Time*

"*Conectados* revela um novo caminho para o sucesso sem limites. Com uma combinação envolvente de arte e ciência, Patricia Bathory mostra como construir relacionamentos que transformam todos os aspectos da nossa vida."
JOSH LINKNER, empreendedor de tecnologia, autor de cinco obras na lista de best-sellers do *The New York Times* e investidor de risco

"Desenvolver habilidades de relacionamento é uma das formas mais eficazes de reduzir conflitos. As histórias inspiradoras e a pesquisa científica em *Conectados* revelam que nossos vínculos são o fator mais determinante para alcançar objetivos pessoais e profissionais. Com sensibilidade e clareza, Patricia Bathory oferece orientações, perspectivas e ferramentas para ajudar você a construir uma aldeia que apoie seu caminho rumo à pessoa que deseja se tornar."
JUDY BACHMANN, ex-advogada de família, mediadora, árbitra e coordenadora de parentalidade

Para Bela e Sasa: amar vocês tem sido a experiência mais profunda da minha vida. Vocês são minhas obras-primas, a melhor contribuição e o legado mais perfeito que deixarei para este mundo.

Para Lauro: que sorte a minha ter você, o melhor parceiro para construir uma vida cheia de significado e propósito. Você me inspira a ser melhor a cada dia.

Para o meu pai: obrigada por sempre me incluir em suas orações.

Para minha mãe, Roberta e Tico: sem vocês, eu seria uma versão muito menor de mim. Sou grata todos os dias pelo amor que recebi e pelo privilégio de ter crescido com vocês na nossa casa.

SUMÁRIO

Introdução 9

Capítulo 1
Dominar a arte da conexão é o que você precisa para deixar uma impressão duradoura 15

Capítulo 2
O propósito torna a vida mais significativa 31

Capítulo 3
É preciso uma aldeia para deixar um legado 53

Capítulo 4
É hora de avaliar suas estratégias 75

Capítulo 5
Você pode melhorar suas habilidades de comunicação 97

Capítulo 6
Como adotar as melhores práticas de relacionamento? 117

Capítulo 7
Como construir sua aldeia 137

Capítulo 8
Navegando entre as diferenças de compatibilidade 159

Capítulo 9
Causando um impacto duradouro 179

Guia de ação de relacionamento
Reconecte, remodele, repare 191

Agradecimentos 221

INTRODUÇÃO

Sempre amei o provérbio africano "É preciso uma aldeia para educar uma criança", desde a primeira vez que o ouvi. Mas foi apenas quando tive meus próprios filhos que compreendi, de forma profunda, o verdadeiro alcance dessa sabedoria. Criar Bela e Sasa só foi possível porque a minha aldeia estava presente: meu marido, Lauro; nossa família e amigos; professores; médicos; babás; nutricionistas e terapeutas — todos contribuíram para moldar as jovens que minhas filhas se tornaram.

Contar com uma rede tão sólida e acolhedora foi o que me permitiu fundar uma empresa de importação e exportação e continuar a gerenciá-la ao mesmo tempo que criava minhas filhas. Quando abri a Paroti Comex, havia acabado de concluir meu MBA no Canadá e conhecia muito pouco sobre a legislação brasileira para importações, bem como sobre as normas da Food and Drug Administration (FDA) para exportação de alimentos aos Estados Unidos. Foi então que uma amiga me indicou um pequeno escritório de desembaraço aduaneiro nas redondezas. Apareci lá com uma fornada de pães de queijo e perguntei se poderia ajudar em troca de aprendizado. Lucia e Wellington aceitaram a proposta, e, por oito meses, toda quarta-feira, eu chegava com pão de queijo fresquinho e absorvia tudo o que podiam me ensinar.

À medida que minha paixão e meu conhecimento cresciam, minha aldeia também se expandia. Eduardo, proprietário da fábrica de sucos com os quais eu trabalhava, generosamente me ensinou os bastidores da indústria: desde os aspectos técnicos até curiosidades do processo de produção. Eu tinha liberdade para experimentar fórmulas, e ele não hesitava em fabricar as personalizações que meus clientes solicitavam. Juntos, desenvolvemos novos sabores, criamos marcas próprias — e o negócio prosperou.

Contudo, para fazer tudo funcionar, eu precisava pagar os produtos antecipadamente e conceder aos clientes um prazo de sessenta dias após o envio. Foi então que meu marido me ofereceu, como empréstimo, uma quantia significativa para financiar aqueles primeiros contêineres. Também precisava de uma sala de reuniões, um contador e um advogado — e meu sogro, solidário, me incluiu no pacote de sua própria empresa, oferecendo toda essa estrutura. A verdade é que recebi muita ajuda da minha aldeia.

Quinze anos depois, inspirada pelo trabalho transformador que vivi com minha terapeuta, decidi me tornar também terapeuta. Minhas filhas tinham 9 e 13 anos — já eram independentes, mas eu só me senti segura para voltar a estudar porque minha aldeia continuava presente. Nossa babá, Iva — a quem carinhosamente chamamos de "a Chefe" — mantinha a casa sob controle com maestria. Tia Marilu era o contato de emergência das meninas quando viajávamos. Quando Sasa precisou de um lugar para ficar após as aulas, Lara, minha cunhada, acolheu-a de braços abertos. Os pais das amigas de Bela ofereciam caronas para as festas. Até hoje me comove lembrar como tantas pessoas se prontificaram, espontaneamente, a ajudar.

Essas experiências pessoais, somadas a décadas de estudo em psicologia, filosofia e teologia, me ensinaram algo fundamental: todas as realizações verdadeiramente significativas requerem uma aldeia. Seja para criar filhos saudáveis, gerir uma empresa de sucesso ou trilhar um caminho de propósito, há sempre um grupo de pessoas por trás das conquistas duradouras. Ninguém que tenha causado um impacto real o fez sozinho. E como é preciso desenvolver boas habilidades interpessoais para construir e sustentar uma aldeia, há uma correlação direta entre a qualidade dessas conexões e o nosso sucesso.

Dessa forma, acabei por estruturar este livro a partir de entrevistas, o que não foi exatamente fruto de um plano previamente delimitado, mas resultado de uma escuta atenta aos caminhos que o próprio projeto foi pedindo. Escolhi pessoas cujas trajetórias admiro — pessoas que, a meu ver, conseguiram integrar com consistência vida profissional e pessoal, e que têm em comum o compromisso com um propósito claro, vínculos afetivos sólidos e uma disposição constante para rever rumos e reconstruir trajetórias.

É verdade que parte das escolhas foi também determinada por fatores práticos: algumas pessoas que convidei não puderam ou não quiseram participar, e assim o livro se construiu, em certa medida, a partir da disponibilidade dos que aceitaram compartilhar suas histórias. No entanto, essa abertura à contingência acabou revelando algo igualmente importante: mais do que perfis individuais de sucesso, o que se destaca em cada entrevista é a rede de conexões, a teia de relacionamentos que sustentou e impulsionou cada uma dessas jornadas.

Poderia dizer, metaforicamente, que essas pessoas foram como pedras dispostas ao longo de um caminho — pontos de apoio que permitiram que a narrativa avançasse. As histórias aqui são, antes de tudo, registros da importância das relações humanas na construção de vidas significativas.

Como demonstram as pesquisas e as histórias que compartilho neste livro, conexões saudáveis estão na base de toda iniciativa bem-sucedida. Por isso, o objetivo desta obra é ajudar você a identificar seu propósito e a construir os relacionamentos que o apoiarão a realizar aquilo que é mais importante para sua vida. (E, se você ainda não sabe exatamente o que deseja realizar, tudo bem — o Capítulo 2 se aprofunda justamente nesse ponto.)

Não exagero ao dizer que aprimorar sua habilidade de se relacionar e se conectar com os outros é o melhor investimento que você pode fazer. Reiteradas vezes, vejo a vida dos meus clientes se transformar diante dos meus olhos — tudo porque se dedicam a desenvolver relações mais significativas. Esse processo envolve desde aumentar a autoconsciência e curar feridas da infância até atualizar padrões de comunicação. Aprimorar-se como indivíduo fortalece a relação consigo mesmo e, em consequência, suas relações com os outros. E tudo o que você faz para melhorar esses vínculos aumenta suas chances de alcançar o sucesso e deixar um legado duradouro.

HABILIDADES DE RELACIONAMENTO SÃO UMA VANTAGEM

Ajudar meus clientes a se tornarem quem aspiram ser e a melhorar seus relacionamentos é, sem dúvida, uma das experiências mais gratificantes do meu trabalho. Isso porque tais mudanças fortalecem sua saúde, aumentam sua felicidade e os preparam para alcançar níveis ainda mais elevados de sucesso — seja lá o que esse sucesso signifique para cada um deles.

Quando suas conexões são sólidas e apoiadoras, é possível direcionar a energia para ações com significado e propósito. Mas, quando essas relações estão fragilizadas, tempo e energia valiosos acabam consumidos por conflitos e dramas desnecessários.

As maiores dificuldades enfrentadas pelos meus clientes muitas vezes se dissolvem à medida que desenvolvem melhores habilidades de relacionamento — e, com frequência, eles mesmos se surpreendem com o tempo e o esforço que economizam ao fortalecer essas competências. Seriam os primeiros a admitir que esse processo não é fácil, mas também os primeiros a afirmar que vale intensamente a pena.

Sou psicoterapeuta, mas isso não significa que construir relacionamentos tenha sido sempre simples para mim. Pelo contrário, tive de trabalhar muito em mim mesma para criar vínculos fortes e autênticos. Por isso, escrevo a partir de um lugar de empatia e convicção genuínas.

Sim, às vezes é desafiador lidar com certas pessoas. No entanto, relacionar-se bem é uma habilidade que pode ser aprendida — e continuamente aperfeiçoada ao longo da vida.

É como nadar: você pode praticar apenas o suficiente para manter a cabeça fora d'água, ou pode aprender a nadar com fluidez, confiança e elegância.

Se suas habilidades interpessoais são apenas suficientes para que você não "se afogue" nos relacionamentos, talvez esteja perdendo uma parte essencial do que a vida tem de melhor a oferecer. Portanto, espero que a pesquisa e as histórias incluídas aqui lhe assegurem que:

- Bons relacionamentos são vitais para uma vida bem-sucedida — seja lá qual for a sua definição de sucesso.
- Você pode se tornar muito competente na construção e no desenvolvimento de conexões.
- Se você tem um propósito que deseja alcançar ou um impacto duradouro que deseja causar, é mais provável que obtenha sucesso se tiver uma aldeia que o apoie.

Também torço para que você faça os exercícios incluídos aqui, porque suas observações e *insights* servirão de guia para que você defina o sucesso em seus próprios termos, decidindo o que deseja realizar ou alcançar, lhe ajudando a construir relacionamentos que estejam alinhados com aquilo que é mais importante para você. Para aproveitar ao máximo os exercícios, faça-os num caderno ou em seu computador para poder usá-los como referência durante e após a leitura.

SINTA O CÍRCULO DO BEM

Meu propósito de vida é contribuir positivamente para a vida de outras pessoas — seja ajudando-as a diminuir a distância entre quem são e quem desejam ser; oferecendo uma nova perspectiva; ajudando-as a reencontrar a esperança; resolver um problema, ou acompanhando-as em momentos de grande transição ou crise.

Decidi escrever este livro porque os problemas de relacionamento geram sofrimento profundo, comprometem a produtividade e minam até os planos mais bem elaborados. Um amigo meu, administrador de uma empresa de tintas, expressou isso com clareza ao dizer: "Ter um maquinário de ponta é inútil quando o operador está em crise com a esposa ou acaba de descobrir que o filho mentiu para ele". Quando enfrentamos dificuldades pessoais, nossa capacidade de concentração e desempenho sofre um impacto direto.

Meu desejo, portanto, é que este livro torne a vida das pessoas mais leve e bem-sucedida — que produza um efeito de ondulação: uma conexão forte gerando outra, e mais outra, criando um círculo virtuoso de vínculos humanos. Com isso, espero contribuir para o "círculo do bem", e tornar o mundo um lugar um pouco melhor para algumas pessoas.

Após conhecer Brad Aronson, autor de *HumanKind: Changing the World One Small Act at a Time* [Humanidade: mudando o mundo com pequenos gestos, ainda sem tradução no Brasil], decidi que este livro também deveria alimentar o círculo do bem de duas formas: apoiando os leitores e apoiando crianças — tal como Brad tem feito. Ele doa a renda obtida com a venda de seus livros a organizações sem fins lucrativos que oferecem mentoria e outros tipos de apoio significativo a jovens. Quando me contou isso, soube imediatamente que queria fazer o mesmo.

Assim, decidi doar os rendimentos da versão em inglês deste livro à organização Big Brothers Big Sisters of America, cujo trabalho de mediação entre crianças e adultos tem gerado um impacto positivo duradouro na vida de milhares de jovens.

Independentemente de você partilhar ou não da minha crença de que estamos todos conectados, é provável que já tenha presenciado a força de um gesto ou de uma palavra gentil desencadeando outro. Quando tomamos a iniciativa de nos aprimorar na arte de construir conexões sólidas, beneficiamos não apenas a nós mesmos, mas também influenciamos positivamente as pessoas que compõem nossa aldeia e nossa comunidade. E, com o efeito de onda, talvez toquemos até alguém do outro lado do mundo.

Você está preparado?

CAPÍTULO 1

DOMINAR A ARTE DA CONEXÃO É O QUE VOCÊ PRECISA PARA DEIXAR UMA IMPRESSÃO DURADOURA

Será que ser bom no que você faz é suficiente para impressionar alguém?

Quando comecei a pensar neste livro, compartilhei com meu amigo Ronaldo Pereira — ex-presidente e ex-CEO da Ri Happy — o desejo de abordar, de maneira acessível e significativa, os desafios e aprendizados referentes aos relacionamentos humanos. Por conhecer e admirar profundamente sua trajetória, tanto no mundo corporativo quanto na vida pessoal, pedi a ele que compartilhasse sua história comigo. Ronaldo não apenas alcançou um sucesso notável como executivo à frente da maior rede varejista de brinquedos do Brasil, mas também construiu um casamento sólido e duradouro, e tem se dedicado ativamente a causas sociais. Era, portanto, alguém cuja experiência poderia iluminar os temas que eu pretendia desenvolver.

Para Ronaldo, apenas ser "bom" nunca foi suficiente. Desde criança, ele sempre quis ser o melhor em tudo. Fosse tirando as melhores notas da classe, vendendo mais chocolates nas arrecadações da escola ou correndo os cinquenta metros rasos, seu alvo era um só: o topo.

"Lutar para ser o melhor me colocou entre os melhores", explica. "Esse sempre foi meu objetivo", me conta na reunião via Zoom — eu no Canadá, ele em São Paulo.

Ronaldo não buscava uma vida fácil. Afinal, queria o melhor que a vida pudesse oferecer, especialmente em educação. Quando descobriu que o Colégio Naval de Angra dos Reis era um dos melhores do país, traçou um plano para ser aceito. Primeiro, entendeu que teria mais chances se cursasse o preparatório Colégio Martins no oitavo ano — e decidiu que era para lá que iria. O fato de a escola ficar na capital, a mais de 130 quilômetros de sua casa, não o desanimou.

Para alcançar aquele objetivo, usou a mesma abordagem que aplica até hoje: resolução de problemas e rede de contatos.

"Se existe um problema, existe uma solução", afirma. "Enxergar obstáculos como oportunidades não é só um clichê motivacional, é meu estilo de vida. Sabia que encontraria um jeito de ir para o Colégio Martins. Não focava os impedimentos. Dia e noite, pensava em como fazer acontecer e em quem poderia me ajudar", ele sorri. "Lembrei-me então de Chagas e Miriam, amigos dos meus avós que moravam no Rio e sempre me trataram como neto."

Ronaldo compartilhou com eles seu sonho de ingressar no Colégio Naval. "Perguntei se poderia morar com eles durante o ano letivo. Eles toparam sem hesitar!", ele ri ao contar. "Convencer meus pais foi mais difícil, mas insisti tanto que acabaram cedendo."

Na época, o Colégio Naval era uma das instituições mais prestigiadas — e difíceis — do país. As aulas preparatórias foram mais desafiadoras que o esperado, mas Ronaldo se empenhou para ter destaque, não só estudando exaustivamente como também aprendendo a estudar melhor.

"Fiz amizade com os melhores alunos", conta. "Estudar com eles me elevou."

Nos momentos livres, adorava ouvir as histórias profissionais de Chagas, executivo na Philco-Hitachi. Durante partidas acirradas de buraco, aprendia sobre os desafios que ele enfrentara e como fizera para superá-los. Entre uma rodada e outra, Chagas falava sobre colegas de trabalho e como construíra essas relações. Confiança e decisões pelo bem comum eram temas constantes, lições que Ronaldo levou a sério.

"Em negócios, nada supera a confiança", diz. "Experiência importa, mas no fim quem consegue o emprego, a parceria ou o empréstimo é quem inspira confiança. Se sua rede não sabe que você é confiável, suas oportunidades se limitam. Não é só quem você conhece, mas quem conhece você."

O filho de Chagas, Paulo, dono de uma madeireira de sucesso, também reforçava essa lição. Ronaldo aproveitava cada chance para perguntar sobre melhores práticas empresariais.

Entre os novos mentores, a escola e a vida na capital, Ronaldo aprendeu mais em um ano do que julgara ser possível.

"Isso me fez alcançar patamares inéditos e comprovar o que Chagas e Paulo diziam: os pais bem-sucedidos de meus colegas estavam sempre cercados por pessoas de confiança e redes sólidas."

Ao fazer a prova do Colégio Naval no fim do ano, Ronaldo já se via de uniforme branco e planejando férias na praia. Quando recebeu a reprovação, ficou devastado.

"Foram dois golpes", recorda. "Não entrar no Naval e ter que voltar para Barra Mansa."

O revés parecia um enorme atraso, mas ele se recuperou rápido. Voltou para sua cidade no primeiro ano, porém no último ano pediu à sua tia Rose para morar com ela e cursar o La Salle Abel em Niterói. Ela aceitou prontamente, dando-lhe uma segunda chance no Rio. Como sempre, estudou muito e foi aprovado em engenharia na Universidade Federal Fluminense.

RELACIONAMENTOS PODEM ACELERAR O SEU SUCESSO

Nossos relacionamentos são o fator mais significativo para alcançarmos os objetivos aos quais aspiramos. E não apenas isso — eles também afetam quanta influência positiva podemos ter no futuro.

"A qualidade dos nossos relacionamentos determina a qualidade das nossas vidas, e isso vai muito além de parcerias românticas", diz Esther Perel, psicoterapeuta e autora best-seller do *The New York Times*.

O sucesso é diretamente influenciado pelas pessoas que nos cercam. Por isso, cultivar relacionamentos sólidos é uma das melhores formas de alcançar metas importantes e contribuir de maneira significativa para o mundo. Quanto mais bem-sucedidos nos tornamos, maior a chance de deixarmos um legado duradouro — seja para nossa família, comunidade ou até mesmo em escala global.

Embora muitos associem legado a contribuições financeiras, como doações a universidades ou fundos filantrópicos, as marcas mais impactantes nem sempre são materiais. Algumas das maiores contribuições vieram de cientistas, ativistas e líderes como Marie Curie, Albert Einstein, Martin Luther King Jr., Madre Teresa e Nelson Mandela. Um legado pode ser qualquer ação que melhore o mundo ao seu redor: reformar um parque abandonado, criar um banco de alimentos, implementar um serviço público inédito ou até plantar árvores em sua rua. Cada legado é tão único quanto a pessoa que o cria. O que todos esses exemplos têm em comum? Eles tiveram em suas vidas pessoas que acreditaram neles.

Uma "aldeia" de bons amigos e aliados nos ajuda a potencializar talentos e ir além do que conseguiríamos sozinhos. Quando criamos conexões genuínas, um mais um deixa de ser dois — torna-se algo maior, uma sinergia que multiplica resultados. Relacionamentos fortalecem habilidades, abrem portas e aceleram nosso progresso.

Quando Ronaldo se candidatou ao primeiro estágio remunerado no Citibank, foi contratado imediatamente — graças à indicação de uma colega de classe que já estagiava lá.

"Dari sabia que eu estava entre os melhores alunos da turma", conta ele. "Quando o banco precisou de novos talentos, ela entregou meu currículo sem hesitar."

Para Ronaldo, aquilo confirmou que relacionamentos podem ser o divisor de águas entre o sucesso e o fracasso.

"Por isso, decidi tratar todos com respeito, porque as pessoas com quem cruzamos podem ser barreiras ou pontes", reflete. "Nunca sabemos quando nossos caminhos se encontrarão de novo. O mundo dá voltas."

Anos depois, já no Banco Mercantil de São Paulo, Ronaldo cultivou um bom relacionamento com seu supervisor e procurou interagir diretamente com um dos donos da instituição, visando tornar-se o gerente-geral mais jovem da história do banco.

"O proprietário me questionou: 'Por que eu faria de você o gerente-geral? Os outros têm 40 anos. Você só tem 24'", lembra Ronaldo.

Mas isso não o desanimou. Ele continuou se destacando nas avaliações e decidiu fazer um MBA — algo incomum para gerentes de bancos na época.

"O dono valorizava educação formal e ficou impressionado com minha decisão", diz ele, sorrindo. "E, claro, o fato de eu ter insistido até ele ceder também ajudou."

Nos anos seguintes, Ronaldo trouxe grandes clientes e resultados excepcionais para o banco. O setor financeiro era glamoroso, o salário era alto, e ele adorava ajudar clientes a realizar sonhos. Mas, aos 29 anos, sentia-se inquieto: havia se prometido empreender antes dos 30.

"Sempre ouvi que devemos fazer o que amamos, mas as únicas pessoas que conhecia apaixonadas por seus trabalhos eram médicos e minha esposa. Os outros trabalhavam pelo dinheiro — e eu não queria ser assim. Queria ganhar bem, mas também amar meu trabalho."

A resposta surgiu quando Paulo Jia, um cliente do banco, o convidou para abrir uma ótica. Ronaldo tinha dúvidas, mas aproveitou dias de folga para ir a São Paulo avaliar a oportunidade. Nos primeiros dias, as visões dele e de Paulo divergiam tanto que Ronaldo quase desistiu. Mas sua esposa, Daniela, o incentivou a ficar mais um dia — e foi quando chegaram a um acordo.

"Voltei ao banco na segunda-feira e pedi demissão", conta. "Meu chefe e os donos disseram: 'Você está louco? Tem um futuro brilhante aqui!'. Mas, quando expliquei que era meu sonho, eles me ajudaram a financiar o negócio."

Assim nascia a General Optical, primeiro passo de uma trajetória crescente. Mas Ronaldo não teria chegado tão longe sem o apoio incondicional da esposa. Além do risco financeiro, ele passou dois anos morando em São Paulo sozinho, enquanto Daniela, gerente de mercado na SC Johnson, ficava no Rio com o filho de 2 anos. Eles se viam apenas nos fins de semana.

"Foram anos difíceis", admite. "Mas Dani nunca deixou de acreditar em mim. Ela sempre foi meu maior apoio."

A experiência de Ronaldo reflete pesquisas que mostram: relacionamentos amorosos estão ligados à criação de riqueza. Segundo o Estudo sobre o Desenvolvimento Adulto de Harvard[1], laços sólidos com cônjuges, familiares e amigos impactam mais o sucesso financeiro do que inteligência, simpatia, classe social ou educação dos pais.

O estudo, que acompanhou treze mil estudantes ao longo dos últimos 86 anos, também descobriu que pessoas em relacionamentos próximos e encorajadores são mais felizes, mais saudáveis e tendem a viver mais do que aquelas que não mantêm esses vínculos. Na verdade, a capacidade dos participantes de manter relacionamentos próximos era um indicativo confiável de seu desempenho em todos os aspectos de suas vidas (os participantes originais eram homens porque Harvard era uma faculdade exclusivamente masculina quando o estudo começou, mas Robert Waldinger, o atual diretor do estudo e autor de *Uma boa vida: como viver com mais significado e realização — As descobertas do mais longo estudo científico sobre o que realmente nos faz felizes*, ampliou o escopo da pesquisa para incluir as esposas e filhos desses homens). Alguns dos resultados mais convincentes, resumidos pelo psiquiatra e pesquisador de Harvard George Vaillant, incluem:

- Homens que tinham um ou mais irmãos próximos ganhavam US$ 51.000 a mais por ano do que aqueles que não tinham irmãos ou tinham relacionamentos ruins com eles.
- Os participantes do estudo que cresceram em famílias estáveis ganhavam US$ 66.000 a mais por ano do que aqueles que cresceram em lares instáveis.

---

1 WALDINGER, R.; SCHULZ, M. *The Good Life: Lessons from the World's Longest Scientific Study of Happiness*. New York: Simon & Schuster, 2023.

- Homens que relataram ter mães afetuosas ganhavam US$ 87.000 a mais por ano do que aqueles que descreviam suas mães como insensíveis.
- Os 58 participantes com as pontuações mais altas em relacionamentos afetuosos ganhavam quase US$ 150.000 a mais por ano do que os 31 que obtiveram as pontuações mais baixas.

Uma das descobertas mais promissoras do estudo é que os participantes que não tinham relacionamentos familiares próximos quando eram jovens, mas construíram vínculos afetuosos na meia-idade com amigos, cônjuges e filhos, eram mais felizes e bem-sucedidos em seus anos posteriores do que aqueles que não desenvolveram relacionamentos significativos nesse período da vida. Portanto, qualquer que seja o tipo de relacionamentos que teve na juventude, você ainda pode começar a desenvolver relacionamentos próximos agora.

RELACIONAMENTOS FAZEM O MUNDO GIRAR

Uma vez que os relacionamentos que cultivamos e a aldeia que construímos têm um papel tão importante em nossa capacidade de causar um impacto duradouro, podemos obter uma vantagem ao investir intencionalmente nos vínculos já existentes e desenvolver novos. Embora o *networking* tenha hoje uma má reputação, criar e manter conexões sólidas não tem nada a ver com estabelecer relações transacionais. É justamente o oposto. Ampliar nosso alcance por meio do contato com novas pessoas e desenvolver conexões genuínas nos ajuda a nos tornarmos pessoas — e líderes — melhores.

Uma pesquisa de Harvard mostrou que empresas se beneficiam quando são lideradas por CEOs com redes de relacionamento robustas, e ainda mais quando essas redes são diversas. A equipe de pesquisa, liderada por Yiwei Fang, utilizou dados do BoardEx para estudar mais de mil CEOs de empresas do índice S&P 1500[2], ao longo de dez anos, analisando suas redes pessoais e profissionais. Descobriu-se que "CEOs com fortes conexões com pessoas de diferentes origens demográficas e conjuntos de habilidades criaram mais valor para a empresa"[3]. Especificamente, essas conexões variadas levaram a inovações corporativas aprimoradas e a fusões e aquisições mais diversificadas.

Uma rede social diversificada é um ingrediente essencial tanto para o crescimento empresarial quanto para o próprio desenvolvimento de relacionamentos. Em um estudo de três anos sobre os efeitos do *networking* no sucesso profissional, pesquisadores da Universidade de Erlangen-Nuremberg apontaram o *networking* como uma "competência crítica". H.G. Wolff e K. Moser estudaram 279 profissionais empregados e concluíram que relacionamentos que proporcionam benefícios mútuos nos ajudam a "buscar e conquistar oportunidades de emprego, obter acesso à informações ou recursos necessários — especialmente no curto prazo —, além de receber orientação, patrocínio e apoio social"[4].

Como a experiência do meu amigo Ronaldo ilustra tão bem, não é o dinheiro que faz o mundo girar. São os relacionamentos. Ronaldo teve a determinação e a iniciativa de criar oportunidades para si

---

2 Empresas que estão na lista da Standard & Poor das 1.500 maiores listadas na Nasdaq e NYSE.

3 FANG, Y.; FRANCIS, B.; HANSAN, I. Differences make a difference: diversity in social learning and value creation. *Journal of Corporate Finance*, v. 48, p. 474-491, fev. 2018. Disponível em: https://doi.org/10.1016/j.jcorpfin.2017.11.015. Acesso em: 24 abr. 2024.

FANG, Y.; FRANCIS, B.; HASAN, I. Research: CEOs with diverse networks create higher firm value. *Harvard Business Review*, 10 abr. 2018. Disponível em: https://hbr.org/2018/04/research-ceos-with-diverse-networkscreate-higher-firm-value. Acesso em: 24 abr. 2024.

4 WOLFF, H.-G.; MOSER, K. Effects of networking on career success: a longitudinal study. *Journal of Applied Psychology*, v. 94, n. 1, p. 196-206, 2009. Disponível em: https://pubmed.ncbi.nlm.nih.gov/19186904/. Acesso em: 24 abr. 2024.

mesmo, mas, sem as pessoas que acreditaram em seus sonhos, sua trajetória ascendente teria sido mais lenta e difícil. Como disse John Donne, o poeta inglês do século XVII: "Nenhum homem é uma ilha, isolado em si mesmo; cada ser humano é uma parte do continente, uma parte do todo". As palavras de Donne refletem a filosofia de que todos dependemos uns dos outros para sobreviver e prosperar; ninguém é completamente autossuficiente. Se você observar o histórico das pessoas que admira ou que o inspiram, verá que houve uma ou mais pessoas em sua aldeia que as ajudaram significativamente. Isso não diminui o valor de seu sucesso. Ao contrário: esse sucesso adquire mais significado graças aos relacionamentos profundos que cultivaram e ao sentimento de pertencimento que vem de fazer parte de um grupo de apoio.

Se você está se impedindo de criar ou fortalecer uma conexão por receio de que a outra pessoa ache suas motivações egoístas, pense em como seu conhecimento, experiência ou outros recursos podem beneficiá-la. Ótimos relacionamentos são sempre vias de mão dupla. Se Ronaldo não tivesse os melhores interesses de seus clientes bancários no coração, Paulo Jia não o teria convidado para fundar a General Optical com ele. No fim das contas, a confiança que cultivaram ao longo dos anos os ajudou a transformar a GO na segunda maior empresa de vendas de óculos do Brasil em apenas quatro anos.

A grande maioria das oportunidades profissionais e financeiras vem de pessoas em nossa rede. Consultores de carreira e especialistas em recolocação consideram o *networking* essencial para o sucesso e estimam que quem o pratica de forma eficaz conquista mais de 70% dos empregos mais disputados. Ter relacionamentos de confiança no trabalho significa ficar sabendo de cargos que estão se abrindo, demissões iminentes e outras informações internas que podem afetar seu emprego ou lhe dar uma vantagem em uma promoção. A confiança é um dos ativos mais valiosos em qualquer relacionamento — e ela se constrói ao longo do tempo. Para desenvolvê-la, é preciso se aproximar, manter contato e investir nos vínculos. Conexões construídas com base na confiança são feitas para durar. À medida que esses relacionamentos se aprofundam, nos empenhamos em ajudar uns aos outros a alcançar metas e sonhos, inclusive compartilhando conhecimento e informações.

Outro benefício de construir uma rede ampla é o maior alcance ao buscar novas oportunidades. Logo após deixar a GO, depois que ele e seu sócio venderam suas ações da empresa, o principal acionista de outra companhia brasileira do setor entrou em contato com Ronaldo quase imediatamente. O acionista havia ouvido falar sobre como ele fez a GO crescer e queria que aplicasse a mesma fórmula para resgatar e revitalizar a Óticas Carol. A empresa contava com mais de 150 lojas franqueadas, mas sessenta desses franqueados estavam descontentes e planejavam sair. Ofereceram a Ronaldo o cargo de CEO, um salário de seis dígitos e uma participação substancial na empresa. Ele aceitou o desafio de reverter a situação — e foi exatamente isso o que fez. Em oito anos, a empresa cresceu para 1.400 lojas e começou a atrair potenciais compradores. A Óticas Carol se tornou líder de mercado, e Ronaldo estava ganhando mais do que jamais sonhara. Entretanto, isso não o tornou complacente. Quando a Óticas Carol vendeu parte da empresa para um investidor, Ronaldo aproveitou a oportunidade para aumentar sua participação societária.

"Pouco depois disso, eu estava cotando valores para as férias em família e percebi que podíamos nos dar ao luxo de ir para onde quiséssemos e ficar o tempo que quiséssemos", diz Ronaldo. "Tive que parar por um instante para absorver aquilo. Finalmente havia alcançado o objetivo pelo qual trabalhei a vida inteira. Foi engraçado, porque eu fiquei tão focado no trabalho por tanto tempo que não tinha absorvido a realidade."

JUNTOS, PODEMOS MELHORAR O MUNDO

Fiel ao seu estilo, quando finalmente absorveu a realidade de que havia superado seus objetivos financeiros, Ronaldo concluiu que estar "apenas" bem não era suficiente.

"Para ser bem-sucedido de verdade, eu precisava transformar a sociedade, e comecei a procurar um jeito de fazer isso", diz ele.

Como a Óticas Carol vendia óculos, Ronaldo leu muitos relatórios sobre o mercado e o perfil do público que consumia as marcas da empresa. No processo, descobriu que 120 milhões de brasileiros precisavam de algum tipo de lente corretiva, e 40 milhões deles nunca haviam feito um exame de vista. Além disso, havia 7 milhões de crianças com necessidade de correção visual, muitas das quais jamais haviam sido examinadas.

"Lembro-me de pensar: qual é a nossa justificativa para não estarmos ajudando essas pessoas?", conta ele. "Então, decidi que faríamos parte da solução, ajudando as crianças a enxergar."

Em 2015, a empresa lançou o projeto Pequenos Olhares, oferecendo óculos com um desconto significativo e possibilidade de pagamento parcelado. Os pais poderiam pagar R$ 5,90 por mês, sem juros, por dez meses — uma opção muito acessível.

No ano seguinte, a Óticas Carol passou a aceitar apenas franqueados que compreendessem e se alinhassem com o propósito da iniciativa.

"Queríamos que as pessoas reconhecessem sua responsabilidade social e estivessem alinhadas com nosso propósito", afirma Ronaldo. "Os franqueados que se juntaram a nós entendiam que o projeto Pequenos Olhares era importante não apenas para o negócio, mas também para eles em nível pessoal, porque, ao nos comprometermos a ajudar os outros, tornamo-nos seres humanos melhores."

"Eu sei como é precisar de algo e não poder pagar por isso", diz Ronaldo. "Quando eu era pequeno, nem sempre havia dinheiro suficiente para o material escolar, quanto mais para qualquer coisa extra. Mas eu tinha boa visão, então podia ler — e isso me deu uma vantagem que, à época, eu nem sabia que tinha. Poder proporcionar essa vantagem a outras crianças significa muito para mim."

Anos depois, quando se juntou à Ri Happy, uma de suas primeiras iniciativas foi criar um comitê de impacto social e desenvolver um sistema estruturado para doar brinquedos a crianças com deficiências, necessidades especiais ou em situação de vulnerabilidade nas regiões mais pobres do Brasil. O impacto do programa foi tão positivo que Ronaldo continua no comitê, mesmo após deixar o cargo de CEO para explorar novos rumos.

Retribuição é uma prática que Ronaldo observou em muitas das pessoas que admira, incluindo seus avós e o casal Chagas e Miriam.

"Há muitas coisas que eu não tive quando era criança, mas sempre contei com o apoio da minha família. Meus pais, avós, tios e tias acreditavam em mim quando eu dizia que seria bem-sucedido ao crescer. Eles não sabiam como isso aconteceria — nem eu —, mas saber que tantas pessoas estavam dispostas a ajudar quando eu precisasse fez toda a diferença."

Os relacionamentos da infância moldam nossas crenças, afetando o bem-estar e as oportunidades ao longo da vida. Por isso, se queremos causar um impacto duradouro, vale a pena entender como nossas visões foram formadas. A "aldeia" da infância influencia profundamente nossa percepção sobre os outros, sobre o mundo e sobre nós mesmos. Explorar como esses relacionamentos moldaram a autoimagem pode revelar aspectos valiosos. Seja positiva ou negativa a experiência, a mente jovem aceita como verdade o que recebe, pois não possui repertório para discernir que a fala dos adultos nem sempre reflete a realidade ou o potencial de quem se é. Assim, nossa autoimagem e aquilo que acreditamos ser capazes de realizar estão diretamente ligados a como fomos vistos — e amados ou não — por cuidadores, irmãos, professores e pela comunidade. Ao identificar o que obscurece sua imagem de si mesmo, você pode reduzir o poder dessas influências. Não é possível mudar o passado, mas é possível transformar os relacionamentos e ampliar seu impacto a partir do que se aprende com ele.

Quando Ronaldo ingressou no sétimo ano da escola, sua família já havia se mudado vinte vezes, e o histórico empreendedor de seu pai parecia uma montanha-russa. Quando os negócios prosperavam, a família desfrutava do melhor. Quando não, adaptavam-se como podiam, às vezes morando com os avós maternos ou paternos de Ronaldo. Ele havia traçado objetivos muito altos para si, e cada novo revés familiar o frustrava ainda mais. No entanto, ao tornar-se pai de adolescentes, passou a enxergar os altos e baixos do empreendedorismo paterno sob outra perspectiva.

"Duas coisas definem o legado do meu pai", diz ele. "A primeira é a honestidade: ela era inegociável. A segunda é não desistir. Sempre que um negócio fracassava, meu pai recolhia os cacos e recomeçava. Ele fez isso pelo menos trinta vezes. Em retrospectiva, vejo como isso foi realmente admirável."

Hoje, Ronaldo consegue reconhecer ainda mais os benefícios de sua infância. Se tivesse se acomodado com a escola ou o ambiente em que vivia, talvez não tivesse sonhado em ingressar na escola naval, nem teria tido em Chagas, Miriam e Paulo seus modelos de inspiração. Fazer novas conexões e expandir sua rede sempre foi algo natural e prazeroso — em parte porque, ao mudar tanto de escola, precisou frequentemente fazer novos amigos.

"Na época não gostava, mas agora vejo que foi ótimo para praticar a construção de relacionamentos", conclui.

As circunstâncias da infância de Ronaldo também lhe deram a chance de morar e aprender muito com seus avós de consideração, Chagas e Miriam, e sua tia Rose. Assim, junto aos membros amorosos e solidários de sua família e o incentivo que recebeu de seus professores, ele passou a acreditar em si mesmo e em seus sonhos.

Pais, familiares, professores e membros da comunidade influenciam as crianças a acreditarem na possibilidade de seus sonhos e em como enxergam os outros, seja como pessoas essencialmente boas ou más. Acontece que precisamos de uma aldeia não apenas para criar uma criança, mas também para alcançar nossos objetivos e deixar um legado. Crianças que crescem em uma cultura em que ninguém é deixado para trás tendem a se tornar adultos que acreditam que as pessoas são boas e prestativas por natureza. Eles sabem que podem contar com suas equipes e têm mais probabilidade de estabelecer metas altas e superá-las.

Sigmund Freud, médico neurologista e fundador da psicanálise, teorizou que nosso superego[5] — a voz interna que ouvimos quando adultos — na verdade são as vozes internalizadas de nossos pais. Portanto, se tivemos pais e cuidadores solidários e positivos, é mais provável que tenhamos pensamentos positivos e autoestima saudável.

Considere como as seguintes declarações ouvidas durante a infância podem ser repetidas internamente na idade adulta:

- Tudo bem ter perdido esta partida. Você se empenhou ao máximo e seu adversário era muito bom.
- O segundo lugar é o primeiro dos perdedores.
- Tenho certeza de que você será bem-sucedido em qualquer coisa que decida fazer.
- Você nunca vai conseguir nada na vida.
- Você tem que sonhar alto para conseguir grandes coisas.
- Esqueça esses devaneios e vá ganhar a vida honestamente.

Se, na infância, você ouviu principalmente críticas, rudezas ou cobranças implacáveis, é provável que tenha internalizado essas vozes e agora as repita para si mesmo. Em terapia, quando um paciente apresenta uma autocrítica excessivamente severa, um dos primeiros passos é investigar quando essa voz se tornou tão intolerante — e, principalmente, quem falava assim com ele quando criança. Na maioria dos casos, rastreamos essa crítica até um pai, professor ou figura de autoridade.

---

5 FREUD, Sigmund. *O ego e o id*. 1923. Tradução de Paulo César de Souza. São Paulo: Companhia das Letras, 2011.

Como essa autocrítica costuma ser o eco de vozes do passado, é crucial identificá-la como algo externo — e não seu "verdadeiro eu" — para então desafiá-la sistematicamente. Mudar crenças limitantes é difícil, mas possível.

Estudos mostram que, quando os pais respondem às necessidades emocionais da criança, ela desenvolve um senso de segurança. Quando essas necessidades são negligenciadas, surge a insegurança. John Bowlby, pioneiro no estudo do vínculo afetivo, demonstrou que bebês que confiam em seus cuidadores se sentem seguros para explorar o mundo — e tendem a enxergar os outros como confiáveis e previsíveis.

Se, como Ronaldo, seus primeiros relacionamentos foram amorosos e encorajadores, você teve uma base sólida para a vida adulta. Não é uma relação direta de causa e efeito, mas certamente uma vantagem. Por exemplo, se seus pais tiveram um casamento feliz e boas relações com parentes, amigos e vizinhos, provavelmente é fácil para você desenvolver relacionamentos saudáveis caracterizados pela interdependência, comprometimento, confiança, satisfação e emoções positivas[6].

Por outro lado, se cresceu em um ambiente ultracompetitivo — onde o sucesso de um significava a perda de outro —, pode ter aprendido a ver as pessoas como egoístas ou desleais. Crianças que não receberam apoio ou cresceram em lares instáveis costumam enfrentar mais desafios na idade adulta. Se você pudesse redesenhar sua infância, não escolheria cercar seu "eu pequeno" de pessoas carinhosas? De figuras estáveis que o aceitassem como era, mas também o encorajassem com amor a ser sua melhor versão?

É aqui que chegamos ao ponto central: você pode fazer isso agora. Pode redesenhar seu futuro escolhendo conscientemente as pessoas de quem se cerca. Como os relacionamentos atuais impactam seu sucesso, saúde e felicidade, construir uma "aldeia" solidária é a melhor estratégia

---

6 SIMPSON, J. A. Influence of attachment styles on romantic relationships. *Journal of Personality and Social Psychology*, v. 59, n. 5, p. 971-980, 1990. Disponível em: https://doi.org/10.1037/0022-3514.59.5.971. Acesso em: 24 abr. 2024.

para alcançar seus objetivos. Ao refletir sobre o que funcionou (e o que não funcionou) em seus relacionamentos nos primeiros 18 anos de vida, você identifica padrões a repetir ou evitar. Mas a consciência por si só não basta — é preciso ação. Os exercícios nos próximos capítulos ajudarão você a aplicar essas descobertas para melhorar seus relacionamentos, tanto com os outros quanto consigo mesmo.

Não é culpa sua se seus pais não foram presentes ou afetuosos. Porém, se o passado ainda limita seu futuro, você é a única pessoa que pode minimizar esses efeitos. O passado não muda — mas o futuro, sim.

CAPÍTULO 2

O PROPÓSITO TORNA A VIDA MAIS SIGNIFICATIVA

Como definir o sucesso?

Quando Alberio Bathory-Frota, o CEO da Launchcode comemorou o Ano-Novo em 1º de janeiro de 2020, ele era a definição de sucesso. Junto com seu cofundador, Alberio havia transformado a *startup* em duas empresas: uma de desenvolvimento de serviços completos e outra de produtos de segurança que validava mais de 160 milhões de identidades em todo o mundo — tudo isso em apenas quinze anos. Meu irmão também tinha um casamento feliz e dois filhos maravilhosos no ensino médio. Ele estava vivendo o tradicional sonho americano. Mas algo faltava; ele já não estava tão apaixonado pelo trabalho quanto antes.

Os dias de Alberio eram consumidos pelas operações diárias, e as demandas constantes de administrar duas empresas internacionais iam, aos poucos, drenando sua energia e entusiasmo. Devido às longas jornadas de trabalho, ele também estava perdendo as atividades esportivas e os eventos especiais de seus filhos.

"Eu era grato por poder proporcionar uma vida boa para minha família e pelo fato da Launchcode e a Patronscan estarem ajudando a tornar o mundo um lugar melhor com sua tecnologia inovadora, mas começava a me perguntar se todos os sacrifícios valiam mesmo a pena", diz ele.

Ele não tinha tempo para refletir sobre isso, no entanto, porque a Patronscan estava prestes a lançar um programa-piloto em Alberta, no Canadá, para uma empresa proprietária de centenas de lojas de bebidas alcoólicas espalhadas pelo país. E, para lidar com as demandas operacionais de administrar ambas as empresas e se preparar para o lançamento, ele vinha trabalhando à noite e nos finais de semana.

Na capital de Alberta, Edmonton, os furtos em lojas de bebidas alcoólicas aumentaram de 3.588 em 2017 para 11.696 em 2019, e os roubos com violência ou ameaça de violência quase dobraram no mesmo período. O objetivo do programa-piloto era verificar se exigir que os clientes escaneassem suas identidades antes de entrar nas lojas ajudaria a reduzir esses números. Como resultado, os furtos em lojas que utilizavam a Patronscan caíram 94% de imediato, e os roubos foram completamente eliminados. Foi um enorme sucesso. Mas a celebração durou pouco.

A publicidade atraiu a atenção da comissária de informação e privacidade de Alberta, que lançou uma investigação pública para determinar se a tecnologia da Patronscan estava em conformidade com as leis de informação e privacidade.

"Âncoras de noticiários e repórteres de toda Alberta notaram a investigação e questionaram a integridade da nossa empresa, o que fez algumas empresas hesitarem em fazer negócios conosco", comenta Alberio.

Em vez de colher os frutos de um trabalho bem-feito, Alberio teve de gastar um tempo valioso defendendo um produto que já estava em conformidade com as leis de privacidade aplicáveis no mundo todo.

Após uma investigação de 21 meses, a comissão concluiu que as lojas de bebidas alcoólicas estavam autorizadas a continuar coletando informações dos clientes para impedir que pessoas com condenações anteriores entrassem nos estabelecimentos e para compartilhar informações relacionadas a crimes com a polícia. Hoje, lojas de bebidas alcoólicas em duas províncias canadenses usam a Patronscan para aumentar a segurança de funcionários e clientes, eliminando assaltos violentos. Assim, o projeto foi afinal um sucesso — algo de que o CEO da empresa poderia legitimamente se orgulhar.

Mas Alberio não se sentia assim. Em vez de revigorado com essa vitória, ele se sentia simplesmente esgotado pelo esforço exigido. E, para piorar, quando a covid-19 paralisou a indústria hoteleira, a Patronscan perdeu mais de 80% de sua receita.

"Eu sabia que poderíamos ir à falência e comecei a pensar muito sobre o que isso significaria", diz ele. "Depois de anos gerindo a empresa, ela era parte da minha identidade. Se fôssemos à falência, isso significaria que eu era um fracasso, certo? Foi um golpe tão grande que me fez perguntar: qual é o meu propósito? O que eu deveria estar fazendo?"

A crise existencial lhe deu a oportunidade de questionar tudo sobre sua identidade, até mesmo: "no meu âmago, quem sou eu?". Ele decidiu contratar um coach, e o extenso processo de autoconhecimento pelo qual passou lhe permitiu enxergar que o trabalho que vinha fazendo era bom, mas não para ele.

"Minha grande paixão é o processo criativo", explica. "Adoro colaborar com pessoas no estágio inicial para construir organizações e criar novos produtos e soluções. Como CEO tradicional, eu não estava mais tão envolvido nesse processo de criação."

Sua autorreflexão e busca interior o ajudaram a perceber que muitas das responsabilidades executivas não se alinhavam com seu propósito.

"Percebi que queria continuar liderando nossa visão e missão, e estar envolvido na fase de idealização de produtos e novos empreendimentos, porque sou apaixonado por essas coisas, e é o que faço de melhor", conta Alberio. "Em vez de contratar um novo CEO, também decidi desenvolver uma equipe de liderança para lidar com todas as outras responsabilidades executivas. Com uma equipe que é maior do que a soma de suas partes, podemos criar uma cultura saudável e colaborativa que torna a empresa mais bem-sucedida a longo prazo. Também admiro muito a humildade inerente a uma equipe de liderança forte, que enfatize o coletivo e a missão compartilhada acima de qualquer indivíduo."

Tenho torcido por meu irmão mais novo e aplaudido suas conquistas a cada passo, desde que deixou um emprego seguro para seguir seus sonhos empreendedores até transformar sua empresa na influenciadora global que é hoje. Mas foi o momento em que ele entendeu o que mais importava para ele — e tomou medidas para reduzir a distância entre sua realidade e seu propósito — que mereceu aplausos de pé.

ENTENDA CLARAMENTE O SEU PROPÓSITO

Imagine que, ao acordar amanhã, você esteja tão inspirado que mal possa esperar para se levantar e começar a trabalhar. Tente visualizar como seria o seu dia, do início ao fim. O que você faria? Onde estaria? Com quem estaria?

A história do meu irmão mostra que profissionais de alto desempenho e com uma boa renda nem sempre se sentem bem-sucedidos. As definições comumente aceitas de sucesso são a conquista de um resultado favorável ou desejado e a obtenção de riqueza, aprovação ou prestígio. Nenhuma dessas definições diz algo sobre viver de acordo com nossos próprios valores ou buscar nosso propósito de vida. A segunda definição, em especial, é fundamental para explicar por que tantas pessoas sentem que ainda não alcançaram o sucesso: como posso dizer que sou bem-sucedido se não sou rico?

Proponho uma nova definição de sucesso, baseada no que aprendi com pesquisas e em minha experiência com clientes. De acordo com essa definição, sucesso é tornar-se a melhor versão de si mesmo, perseguindo um propósito que seja significativo para você. Como a autodescoberta e o autoaperfeiçoamento são contínuos, e seu propósito pode continuar a evoluir, não existe uma linha de chegada. Mas é possível reduzir, constantemente, a lacuna entre quem você é e quem aspira a ser.

Quem é você ——— Quem você aspira ser

O seu eu atual é aquele que vive no mundo real. Não é a versão cuidadosamente elaborada que você exibe em público, nem a versão editada que publica nas redes sociais.

É quem você é, como você é. Quem você aspira a ser é a pessoa que está trabalhando para se tornar. Você pode pensar nisso como uma versão aprimorada, completa, com todas as melhorias pessoais que deseja realizar. Ao considerar a pessoa que aspira a ser, pode ser um pouco assustador enxergar o tamanho da lacuna no presente. Mas você pode percorrer essa distância mais rápido do que imagina.

A fórmula é: identificar e começar a perseguir um propósito que seja maior do que você — algo que ajude outras pessoas — e, então, convidar sua comunidade a se juntar a você. Isso o colocará em posição de causar um impacto significativo e oferecerá inúmeras oportunidades de aprendizado e crescimento.

Compreender claramente o seu propósito também facilitará a identificação dos relacionamentos que estão contribuindo a seu favor — e daqueles que talvez precisem ser reavaliados.

Quando comecei a escrever este livro, jurei que não usaria a palavra "propósito", porque ela é lançada em praticamente toda conversa pseudofilosófica que ouço. Mas há uma razão para ela ter se tornado a palavra do momento: não existe outra que resuma tão bem a ideia. (Acredite em mim, eu procurei.) Por isso, vou usar "propósito" de forma intercambiável com termos como visão, missão, chamado, paixão e outras palavras que não disparam meu detector de clichês. Seja qual for o nome que damos a isso, se você não está fazendo aquilo pelo que é apaixonado, a lacuna entre quem você é e quem deseja ser provavelmente é bem grande. Além disso, essa incongruência pode causar um estresse enorme.

Como afirma Emily Esfahani Smith, em *O poder do sentido: os quatro pilares essenciais para uma vida plena*: "Todos nós precisamos de um objetivo ambicioso que nos motive, que sirva como o princípio organizador de nossas vidas e nos leve a fazer uma contribuição para o mundo"[7]. Ter um propósito é um dos pilares de uma vida com sentido — e isso não precisa ser assustador. Idealmente, seu propósito será simples, alcançável, relevante e em sintonia com seus talentos.

Para tornar sua vida mais significativa e viver sua própria definição de sucesso, dê os passos necessários para continuar avançando em direção ao seu propósito. Quando Alberio percebeu que sua paixão verdadeira estava em usar a criatividade e a experiência para ajudar outras pessoas a construírem novas empresas, produtos e soluções

7 SMITH, E. E. *O poder do sentido*: os quatro pilares essenciais para uma vida plena. Rio de Janeiro: Objetiva, 2017.

inovadoras, ele soube que precisava compartilhar algumas de suas responsabilidades executivas — mesmo que ser CEO fosse uma parte central de sua identidade por muitos anos. Fazer esse tipo de mudança não é fácil, mas, ao definir o que o sucesso significa para você e descobrir qual é o seu propósito, essa clareza lhe dará asas.

Exercício: encontre sua razão de ser

Se você ainda não se conhece, tente usar o conceito japonês de *ikigai* — “uma razão de ser”. Você encontra seu *ikigai* alinhando aquilo que você ama com aquilo em que você é bom, mais aquilo de que o mundo precisa e o que você pode ser pago para fazer.

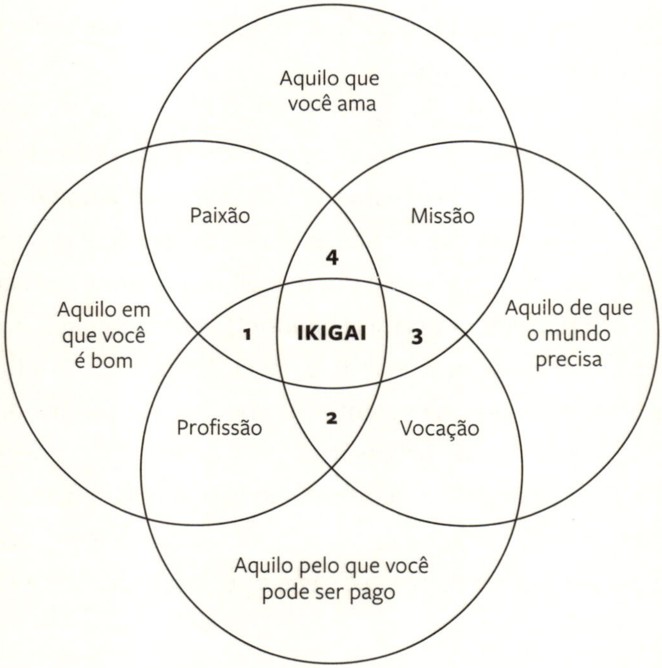

Para aumentar sua clareza, pergunte-se:

1. O que eu amo?
2. Em que eu sou bom?
3. De que o mundo precisa?
4. Pelo que eu posso ser pago?

Uma forma de descobrir aquilo que realmente inspira você é refletir sobre como sua paixão e seus talentos podem ser colocados a serviço dos outros, contribuindo com algo significativo para o mundo. Em que aspectos você pode se aprimorar? Que tipos de problemas é capaz de resolver? Que legado deseja deixar?

Uri Levine, fundador do aplicativo de navegação Waze, explora essa abordagem em seu livro *Apaixone-se pelo problema, não pela solução: o Waze para todos os empreendedores e profissionais do mundo dos negócios*. Para ele, encontrar um problema pelo qual se apaixonar é também uma via para encontrar o próprio propósito.

É um consenso amplamente partilhado que, ao final da vida, tendemos a nos arrepender mais daquilo que deixamos de fazer do que daquilo que fizemos. Se fosse possível acelerar o tempo e olhar para os seus últimos dias, do que você se arrependeria por não ter feito? Muitas pessoas, ao revisitar suas trajetórias, lamentam ter vivido de acordo com as expectativas dos outros — da sociedade, da família — em vez de terem seguido seus próprios desejos. Não permita que esse seja o seu lamento.

Ter uma razão significativa para viver ajuda a reduzir a distância entre quem você é e quem deseja ser — o que, por sua vez, contribui para uma vida mais feliz e plena. Além disso, se você não estiver caminhando conscientemente em direção a uma existência mais significativa, torna-se difícil discernir se os seus relacionamentos estão sustentando seus objetivos de vida ou, ao contrário, sabotando-os. E, como os vínculos que cultivamos são determinantes para o sucesso pessoal, é essencial assegurar-se de que eles estejam contribuindo para o seu progresso, e não se convertendo em obstáculos. Contudo, só é possível avaliar isso com clareza quando se tem consciência do próprio propósito.

Compreender com nitidez o seu propósito também fortalece a resiliência, especialmente nos momentos em que o trabalho se revela monótono ou exaustivo. Quando se está empenhado em causar um impacto positivo, os desafios tornam-se mais suportáveis, pois os sacrifícios passam a ter um sentido. E, nos momentos em que surge o desejo de desistir, os relacionamentos sólidos podem oferecer a motivação necessária para seguir adiante.

ENCONTRAR SIGNIFICADO NOS DÁ ESPERANÇA

Todos nós temos uma intuição sobre o que nos é mais significativo, e a maioria das pessoas carrega em si uma ou duas coisas das quais não gostaria de se arrepender. No entanto, descobrir aquilo com que queremos contribuir para o mundo nem sempre é evidente. Se acreditamos que não temos nada valioso a oferecer, deixamos de enxergar as possibilidades que se abrem diante de nós.

Esse era o caso de meu cliente George. Tinha uma imagem tão negativa de si mesmo que não reconhecia suas habilidades e potenciais. Por isso, achava que não tinha escolha a não ser continuar fazendo o que sempre fizera. Dia após dia, arrastava-se até o trabalho e, noite após noite, anestesiava-se diante da TV com uma caixa de cerveja.

George tem a mesma idade que Alberio — inclusive compartilham a mesma data de nascimento —, e por isso não pude evitar imaginar como sua vida poderia ter sido diferente caso tivesse crescido em uma família acolhedora como aquela que meus irmãos e eu tivemos. Foi um lembrete do quanto o caminho pode ser mais árduo para quem viveu infâncias marcadas por traumas. As falas tóxicas que George escutava de sua mãe ressoavam em sua mente como um refrão ininterrupto. Quando ele disse "Eu sou um lixo", não me surpreendi ao saber que sua mãe costumava repetir exatamente essa frase.

"Eu vejo você como alguém que contribui para a sociedade", disse-lhe.

"Mas eu não sou", murmurou ele, balançando a cabeça.

"Você paga imposto de renda? Paga. Está recebendo seguro-desemprego? Não. Danifica ou destrói bens de outras pessoas? Também não. O que você faz? Leva crianças à escola, garantindo acesso à educação, e treina um time de futebol infantil. Claro que você contribui."

"Qualquer um pode fazer isso", respondeu ele. "Não é como se realmente precisassem de mim."

Muitas vezes, pessoas que sofreram abusos físicos e verbais enfrentam grandes dificuldades para se sentir parte ativa da sociedade. Por isso, as contribuições de George eram notáveis, mesmo que ele não conseguisse realizá-las. Quando mencionei que crianças vítimas de violência tendem, com mais frequência, a se tornar adultos abusivos, ele se surpreendeu, mas nem assim conseguiu sentir orgulho de si mesmo por ter quebrado esse ciclo.

Eu o achava inspirador, mas ele definitivamente não se via assim. Estava imerso em uma tristeza profunda, e antes de pensarmos em mudanças duradouras, foi necessário reconstruir seu relacionamento consigo mesmo e com aqueles que o cercavam. Seu pai vivia pedindo dinheiro "emprestado" e nunca devolvia. Sua namorada, que há anos não contribuía com as despesas da casa, era controladora e manipuladora. Sua irmã, que morava a poucos quilômetros, dizia que ele bebia demais para ser um bom exemplo para os sobrinhos e proibia sua presença. A lista era longa. Apesar de tudo, eu sabia que George poderia transformar sua vida — se conseguisse olhar para si mesmo com a mesma clareza com a qual eu o enxergava. No entanto, ele não acreditava merecer uma vida melhor, tampouco conseguia imaginar que pudesse deixar uma marca positiva no mundo. Mais de uma vez disse: "Não quero me matar. Só quero que esta vida acabe".

No livro *Em busca de sentido*[8], Viktor Frankl relata sua experiência nos campos de concentração nazistas e observa que, quando os prisioneiros perdiam sua razão de viver — seu "porquê" —, tornavam-se refratários a qualquer tipo de ajuda ou encorajamento, dizendo: "Não tenho mais nada a esperar da vida". Frankl escreve: "O que realmente era necessário era uma mudança fundamental em nossa atitude em relação à vida. Precisávamos ensinar aos homens desesperados que não importava o que esperávamos da vida, mas sim o que a vida esperava de nós".

Eu queria que George descobrisse o que a vida esperava dele. Mas ele ainda não podia buscar essa resposta enquanto estivesse sobrecarregado por tantos fardos externos. Começamos, então, estabelecendo limites mais claros com o pai e enfrentando a relação abusiva com a namorada. Ainda assim, ele não se dava crédito pelos progressos que fazia. Apesar de afirmar que não cometeria suicídio, vivia com pensamentos recorrentes sobre a própria morte. Mas ainda queria tentar. Continuava comparecendo às sessões de terapia, trabalhávamos sua autoestima e pensávamos juntos em formas de ele passar mais tempo envolvido com atividades que fizessem sua vida valer a pena.

Estava satisfeita com os avanços, até que, um dia, George apareceu completamente resignado, como se tivesse perdido a esperança. Isso me alarmou.

"George, preciso te pedir um favor", disse, ao final da sessão. Ele perguntou o quê, um pouco surpreso.

"Nunca te dei uma tarefa de casa, mas agora preciso que você permaneça vivo até nossa próxima sessão. Preciso que você não se mate antes de segunda-feira."

"Posso fazer isso", respondeu. "Sem problemas."

Ele parecia sincero, mas passei o fim de semana preocupada.

Na manhã de segunda-feira, enquanto aguardava sua entrada na sala do Zoom, percebi que prendia a respiração. Só relaxei quando vi seu rosto. George estava até sorrindo um pouco, e, quando perguntei como estava, foi direto ao ponto:

---

8 FRANKL, Viktor. *Em busca de sentido*. São Paulo: Editora Vozes, 2006 [1991].

"Sabe como minha irmã vive dizendo que eu bebo demais?", assenti.

"Ela provavelmente está certa", disse ele.

Pela primeira vez, pediu minha ajuda para lidar com sua dependência — um passo decisivo. Menos de um mês depois, internou-se voluntariamente em um programa de reabilitação. Antes disso, me telefonou:

"Quero que você saiba que é por sua causa que estou indo. Quando você me pediu para não me matar, pensei: 'cara, preciso fazer alguma coisa'."

Meses depois, ao concluir o programa, eu mal o reconheci. Era outra pessoa. Disse que ainda tinha metade da vida pela frente e se comprometeu a permanecer sóbrio. Matriculou-se para concluir o ensino médio e começou a se candidatar a vagas como assistente técnico de futebol em escolas secundárias da região. Ao perceber que queria ajudar outras crianças a não repetirem seus erros, toda a sua vida ganhou um novo sentido.

Descobrir seu propósito deu a George um novo olhar sobre si mesmo e sobre o mundo. Ele recuperou a esperança. Passou a valorizar suas conquistas e a se entusiasmar com o futuro. Rompeu com a namorada, deixou de emprestar dinheiro ao pai, e hoje, sempre que o encontro, tem boas notícias para compartilhar.

MOVA-SE EM DIREÇÃO AO SEU PROPÓSITO

Pessoas que buscam intencionalmente um propósito de vida tendem a concordar com afirmações como: "Tenho um senso de direção e propósito na vida", "Gosto de fazer planos para o futuro e trabalhar para torná-los realidade" e "Algumas pessoas vivem sem rumo, mas esse não é o meu caso".

Em contrapartida, aquelas que ainda não identificaram um propósito significativo costumam se reconhecer em declarações como: "Vivo um dia de cada vez e penso pouco no futuro", "Não tenho muita clareza sobre o que estou tentando realizar na vida", "Às vezes sinto como se já tivesse feito tudo o que havia para fazer" e "Minhas atividades diárias frequentemente parecem banais e sem importância".

Essas afirmações integram a seção dedicada à "busca de metas significativas e senso de propósito" da Escala de Bem-estar Psicológico desenvolvida por Carol Ryff.

A partir do momento em que George encontrou um motivo verdadeiro para viver, passou a se valorizar mais e conseguiu se afastar de relações disfuncionais. Além disso, fortaleceu os laços com pessoas que apoiavam seu sonho de ajudar crianças a alcançar o sucesso. Hoje, George vive com mais alegria, otimismo e um compromisso renovado com a própria saúde. Caminha todos os dias — faça sol ou chuva —, trocou a cerveja por água com gás e deixou de considerar batatas fritas como parte do grupo dos vegetais.

Ser rico ou famoso pode, sim, representar um propósito. No entanto, se você atingir esse objetivo após uma jornada centrada unicamente em si mesmo, talvez sinta que já não há mais nada a esperar da vida. Se essa possibilidade parecer real, talvez seja mais inspirador refletir sobre como sua fama ou fortuna podem beneficiar outras pessoas e contribuir para transformar o mundo num lugar um pouco melhor.

Uma pesquisa conduzida por Roy F. Baumeister, da Universidade Estadual da Flórida, revela que experimentamos uma satisfação mais profunda e duradoura quando buscamos sentido e propósito, e não apenas felicidade[9].

Quando seu propósito é bom para você *e* para os outros, todos saem ganhando.

"Para mim, trata-se de fazer uma diferença positiva no mundo e gerar um impacto significativo na vida da minha família, dos meus

---

9 BAUMEISTER, R. F.; VOHS, K. D.; AAKER, J. L.; GARBINSKY, E. N. Some key differences between a happy life and a meaningful life. *The Journal of Positive Psychology*, v. 8, n. 6, p. 505-516, 2013. Disponível em: https://www.tandfonline.com/doi/abs/10.1080/17439760.2013.830764. Acesso em: 24 abr. 2024.

amigos e da comunidade", afirma Alberio. "Quanto mais invisto no meu próprio desenvolvimento, mais forte se torna meu círculo interno. E isso, por si só, amplia o impacto que posso exercer."

Dicas para identificar o seu propósito

1. Pense a longo prazo. Escolha um propósito que não tenha uma linha de chegada para que você possa se tornar uma versão melhor de si mesmo continuamente.
2. Estamos todos juntos nisso, então tente usar a abordagem *ikigai* para escolher um propósito que combine o que você ama com aquilo em que você é bom, aquilo de que o mundo precisa e aquilo pelo que você pode ser pago.
3. Analise sua história pessoal. Seu propósito pode ser inspirado por algo que você observou ou experienciou.

Exercício: revise sua história pessoal

Há algum esporte ou hobby que definiu, trouxe confiança ou simplesmente deixa você feliz? Se sim, talvez você possa treinar ou orientar crianças que estão interessadas no mesmo esporte ou hobby. Você desempenhou o papel não oficial de mediador ou conciliador em sua família? Se sim, seu propósito pode ser desempenhar esse papel em sua comunidade.

O objetivo desta revisão de vida é buscar um tema.

Para cada década de sua vida, a partir dos 10 anos, responda às seguintes perguntas:

- O que eu estava fazendo?
- Onde eu morava?
- Quem eram as cinco pessoas mais importantes (entre amigos e a família) para mim nessa época?
- Quais foram minhas principais realizações durante esse período? (Em vez de listar tudo o que você alcançou, concentre-se nas realizações que você considerou mais importantes e relevantes na época ou em retrospecto.)
- Qual foi sua maior decepção durante essa década?
- Quais eram seus interesses?
- Escolha cinco palavras que melhor descrevem você nessa faixa etária.

Para cada década, use uma folha de papel à parte para poder colocar as páginas em ordem consecutiva e revisar toda a sua vida enquanto procura por temas comuns.

Minha amiga Veronica descobriu seu propósito de vida ao cuidar de seu filho, Matheus, diagnosticado com dislexia e transtorno de déficit de atenção com hiperatividade (TDAH). Mesmo na idade adulta, essas condições continuam sendo desafiadoras para ele. No entanto, graças ao apoio incansável que recebeu da mãe durante a infância, Matheus hoje trabalha em uma empresa de investimentos e tem prosperado.

Quando ele era criança, não havia em Fortaleza recursos ou adaptações adequadas para estudantes com dificuldades de aprendizagem. Diante da ausência de especialistas, Veronica decidiu tornar-se ela mesma uma. Estudou profundamente os transtornos do filho e usou esse conhecimento para buscar escolas que proporcionassem um ambiente favorável à aprendizagem e ao desenvolvimento pessoal dele. Mais tarde, Matheus frequentou uma escola de ensino médio especializada nos Estados Unidos, onde teve um desempenho tão positivo que conseguiu ingressar em uma universidade convencional no país.

Ao perceber o quanto seu empenho e conhecimento transformaram a trajetória do filho, Veronica sentiu-se chamada a expandir sua missão. Decidiu, então, ajudar outras famílias a melhorar a vida de suas crianças, criando um serviço de consultoria. Atualmente, ela orienta pais sobre práticas de educação positiva voltadas a crianças com dislexia e TDAH, além de ministrar workshops e treinamentos personalizados.

Outro amigo meu encontrou seu propósito ao ajudar famílias refugiadas em processos de imigração. Ele acredita que, quando as pessoas têm acesso a oportunidades justas, conseguem prosperar. Essa convicção tem raízes em sua própria história: ainda pequeno, emigrou com os pais para o Canadá, onde a família encontrou acolhimento, apoio comunitário e condições dignas para reconstruir a vida. Hoje, ele é advogado e atribui seu sucesso às oportunidades proporcionadas por aquele país e à solidariedade das pessoas que acolheram sua família em tempos difíceis.

Ambos os meus amigos encontraram propósitos que podem nutrir por toda a vida. Em cada caso, suas experiências pessoais revelaram uma necessidade concreta do mundo e, ao responderem a essa necessidade, descobriram e fortaleceram habilidades que hoje colocam a serviço dos outros.

Como diz Ai Weiwei, um dos meus artistas e ativistas favoritos: "A crise dos refugiados não tem a ver apenas com os refugiados. Tem a ver com todos nós".

Enquanto você considera qual pode ser o seu propósito, tenha em mente que:

- Não precisa ser extravagante ou grandioso. Ele tem a ver com fazer algo que seja significativo para você.
- Deve estar em consonância com seus valores e talentos.
- Pode ser tão simples quanto tratar todos os seres humanos com respeito. Tenho um cliente que decidiu que seria gentil

e sorriria para todos que encontrasse. Seus dias se encheram de significado porque ele sentia o impacto positivo que tinha sobre os outros.

- Pode se basear em ser a melhor pessoa possível em todos os seus papéis e relacionamentos, como pai, parceiro, irmão, filho, amigo, vizinho, colega.

A frase “O que você faria se soubesse que não pode falhar?”, frequentemente atribuída a Eleanor Roosevelt, ex-primeira-dama dos Estados Unidos, traz uma pergunta poderosa e inspiradora. Escolher uma missão significativa na vida não apenas contribui para que você se torne a melhor versão de si mesmo, mas também melhora substancialmente seu estado de espírito, promove a saúde, aumenta a felicidade e pode até mesmo prolongar sua expectativa de vida. Todos esses benefícios ainda se refletem positivamente na qualidade dos seus relacionamentos.

Pesquisas mostram que pessoas engajadas na busca de um propósito significativo tendem a ser mais felizes e saudáveis do que aquelas que perseguem principalmente o prazer. Em um estudo, por exemplo, participantes motivados por um propósito apresentaram sistemas imunológicos mais ativos do que aqueles cuja prioridade era apenas a felicidade. Um sistema imunológico fortalecido ajuda a reduzir inflamações, combater infecções virais e diminuir o risco de doenças cardiovasculares, neurodegenerativas e outros problemas de saúde graves. Já os que buscavam unicamente a felicidade apresentaram resultados laboratoriais semelhantes aos de pessoas com altos níveis de ansiedade ou sob estresse crônico[10].

---

10 FREDRICKSON, B. L.; GREWEN, K. M.; COFFEY, K. A.; ALGOE, S. B.; FIRESTINE, A. M.; AREVALO, J. M. G.; MA, J.; COLE, S. W. A functional genomic perspective on human well-being. *Proceedings of the National Academy of Sciences*, v. 110, n. 33, p. 13684-13689, ago. 2013. Disponível em: https://pubmed.ncbi.nlm.nih.gov/23898182/. Acesso em: 24 abr. 2024.

Fica claro, portanto, que fazer o bem e sentir-se bem não produzem os mesmos efeitos, ainda que ambos envolvam emoções positivas. Perseguir a felicidade como um fim em si não é tão eficaz quanto buscar algo que tenha significado e, como consequência, traga felicidade. A diferença pode parecer sutil, mas seus desdobramentos são profundamente distintos.

Exercício: o passado pode revelar seu propósito

Outra maneira de obter *insights* sobre seu propósito é imaginar que você tem 80 anos e está escrevendo suas memórias ou contando sua história de vida para seus netos:

- O que você gostaria de se gabar por ter feito?
- Que contribuições você gostaria de ter feito aos outros?
- Quais arrependimentos você não gostaria de ter?
- O que você teria feito se soubesse que não poderia falhar?

Se você deseja "olhar para trás" do final de sua vida, pode imaginar seu próprio funeral:

- Quem você gostaria que estivesse lá?
- O que você gostaria que eles dissessem?
- Como você gostaria que as pessoas se lembrassem de você?
- O que você gostaria que estivesse escrito em sua urna ou lápide?

O jeito mais rápido de começar a reduzir a lacuna entre quem você é agora e quem você aspira a ser é se comprometer totalmente com seu propósito, fazer um plano com metas mensuráveis para persegui-lo e enriquecer os relacionamentos que irão apoiar seu progresso. George ainda não se vê como um sucesso, mas está definitivamente tendo sucesso porque todos os dias está reduzindo a distância entre como sua vida é hoje e o que ele quer criar amanhã.

PARA CONECTAR E INSPIRAR, COMPARTILHE SEU PROPÓSITO

Há uma crença bastante difundida de que compartilhar nossos objetivos pode nos ajudar a realizá-los. Acredito que isso seja verdade — mas com algumas ressalvas. Quando dividimos nossos sonhos com pessoas que nos apoiam e que nos desafiam de forma construtiva, essas conexões podem se tornar catalisadoras para que nossas metas se concretizem. Por outro lado, ao compartilhar essas aspirações com pessoas pessimistas ou limitadas por crenças negativas, corremos o risco de receber críticas desmotivadoras, que podem minar nosso entusiasmo e atrasar nosso progresso.

Um estudo publicado em 2020 no *Journal of Applied Psychology* reforça a importância de compartilhar nossas intenções com "as pessoas certas" — definidas pelos pesquisadores como aquelas que possuem maior prestígio, status ou respeito social[11]. Segundo H.J. Klein, autor principal do estudo: "Ao contrário do que se costuma pensar, na maioria dos casos é mais benéfico compartilhar seu objetivo do que mantê-lo em segredo — desde que o faça com alguém cuja opinião você valoriza. O comprometimento com a meta tende a ser mais forte

11 KLEIN, H. J.; LOUNT JR., R. B.; PARK, H. M.; LINFORD, B. J. When goals are known: the effects of audience relative status on goal commitment and performance. *Journal of Applied Psychology*, v. 105, n. 4, p. 372-389, 2020. Disponível em: https://psycnet.apa.org/doi/10.1037/apl0000441. Acesso em: 24 abr. 2024.

quando você a compartilha com alguém que admira". A conclusão é clara: compartilhe seus propósitos e objetivos com pessoas que você respeita e que compartilham valores semelhantes aos seus.

Dividir seu propósito também é uma forma poderosa de inspirar os outros a refletirem sobre seus próprios caminhos. Além disso, essa prática facilita conexões mais significativas com pessoas que genuinamente torcem pelo seu sucesso.

Minha amiga Andrea LaRochelle é um ótimo exemplo disso. Quando ela registrou a marca "Find the Good" (FTG), eu mal podia esperar para saber todos os detalhes. Andrea é mediadora familiar e atua há anos com indivíduos em situações de alta tensão emocional. Seu trabalho consiste em ajudar pais divorciados a redirecionarem o foco de seus conflitos pessoais para o bem-estar dos filhos — uma missão difícil, mesmo para profissionais experientes. Apesar de ser um trabalho gratificante, lidar com conflitos contínuos pode ser emocionalmente desgastante. Para não se deixar consumir, Andrea decidiu conscientemente buscar o bem nas pequenas coisas: nos gestos simples, nas vitórias discretas, nas belezas do cotidiano.

"Encontrar o bem significa algo diferente para cada pessoa", diz ela. "A vida pode ser difícil, caótica e imprevisível. Mas, mesmo nos momentos mais sombrios, ainda é possível encontrar algo de bom — desde que você esteja disposto a procurar. E é nesse gesto de busca que a mágica acontece."

Hoje, centenas de pessoas em Calgary, Alberta, usam com orgulho produtos da FTG. Durante a pandemia, a iniciativa se transformou em um símbolo silencioso de resistência diante das más notícias que nos assolavam diariamente. "Encontrar o bem" tornou-se um exercício de esperança, capaz de enriquecer nossas conversas. Em vez de falarmos apenas da covid-19 ou das manchetes do dia, começamos a falar sobre nossos valores. E, quando falamos do que valorizamos, aprendemos mais uns sobre os outros. Essas conversas revelaram afinidades profundas, permitindo que descobríssemos com quem nossos valores fundamentais estavam alinhados e quem também buscava refletir sobre o que realmente importava.

Embora os estudos sobre os benefícios de viver com propósito sejam relativamente recentes, a sabedoria de levar uma vida com sentido, guiada por nossos próprios valores, é antiga — e continua a iluminar os caminhos de quem se dispõe a trilhar esse percurso com autenticidade.

"Aquele que tem um porquê para viver pode
suportar quase todos os comos."
— Friedrich Nietzsche, filósofo

"O mistério da existência humana não reside apenas em
permanecer vivo, mas em encontrar algo pelo que viver."
— Fiódor Dostoiévski, escritor

"Não basta apenas ter vivido. Devemos estar
determinados a viver por algo."
— Winston Churchill, ex-primeiro-ministro britânico

"Minha missão na vida não é apenas sobreviver,
mas prosperar e fazê-lo com paixão,
compaixão, humor e estilo."
— Maya Angelou, poetisa e ativista dos direitos civis

"Lute pelas coisas com as quais você se importa, mas faça isso
de uma maneira que leve os outros a se juntarem a você."
— Ruth Bader Ginsburg, ex-juíza da
Suprema Corte dos Estados Unidos

Por viverem de acordo com valores que faziam sentido para si, todas essas pessoas foram capazes de deixar contribuições importantes para o mundo. E nós também podemos fazer isso.

Escolher viver da melhor forma possível, ser útil aos outros independentemente das circunstâncias e cultivar o hábito de encontrar o que há de bom — todas essas atitudes são poderosas formas de produzir uma diferença positiva no mundo. E tudo isso se torna mais viável quando seu propósito está claro e você se cerca de pessoas igualmente comprometidas com a construção de um futuro melhor, tanto para si quanto para os demais.

Essas pessoas o encorajarão a continuar, mesmo diante das adversidades — e você fará o mesmo por elas. O psicólogo social David McClelland, da Universidade de Harvard, descobriu que as pessoas com quem nos relacionamos de forma habitual influenciam até 95% do nosso sucesso ou fracasso. Noventa e cinco por cento. Diante de um dado tão expressivo, fica evidente que, se você está sinceramente empenhado em realizar sua visão mais inspiradora de vida, ser criterioso em suas relações não é apenas recomendável — é essencial.

Seguir um propósito nem sempre será uma experiência suave. Por isso, é fundamental contar com amigos que o recordem de que vale a pena persistir — e de que você também vale a pena. Se estiverem alinhados com sua missão, esses amigos o incentivarão a continuar, mesmo diante das frustrações e dos obstáculos inevitáveis.

Minha cliente Michelle é um exemplo eloquente disso. Ela descobriu que apenas uma pequena fração do valor que havia doado para apoiar refugiados ucranianos estava, de fato, chegando às famílias necessitadas. Ficou profundamente abalada. Seu propósito de vida é ajudar vítimas de violência em larga escala, uma causa que a move com intensidade porque ela mesma cresceu em uma zona de guerra, tendo sua casa destruída por uma bomba. A decepção foi tamanha que, por um momento, ela considerou desistir de sua missão. Mas seus amigos não permitiram que ela perdesse a esperança.

Se essas amizades não estivessem alinhadas com seu propósito, poderiam ter dito algo como: "Veja só, você tenta ajudar e as pessoas se aproveitam. Por que continuar tentando?". No entanto, eles fizeram o oposto: ajudaram-na a se reconectar com projetos humanitários sérios e eficazes ao redor do mundo, e a ensinaram a avaliar melhor as organizações, para evitar novos enganos. Reconheceram que, sim, há quem se aproveite de tragédias — mas reforçaram que essas pessoas não definem a humanidade.

No momento mais difícil de Michelle, não foi sua força de vontade ou resiliência que a sustentou. Foram seus amigos, pessoas que compartilhavam de seu propósito. Uma das formas mais rápidas e eficazes de avançar rumo ao seu propósito é, justamente, cultivar relações verdadeiramente enriquecedoras.

CAPÍTULO 3

É PRECISO UMA ALDEIA PARA DEIXAR UM LEGADO

"Para mim, causar um impacto duradouro significa realizar um trabalho que me traga felicidade e me permita ser a melhor versão de mim mesma", afirma Daniela Castro, diretora de inteligência de mercado e inovação da Heineken Brasil.

Ainda jovem, Daniela ficou profundamente impressionada ao perceber que seu pai — então diretor de vendas — era apaixonado pelo trabalho que fazia. Ele desfrutava de liberdade profissional, parecia constantemente envolvido em algo significativo e, sobretudo, demonstrava prazer em ajudar os outros.

"Meu pai me ensinou que todos temos a oportunidade — e também a responsabilidade — de tornar o mundo um lugar um pouco melhor enquanto estivermos aqui. E isso se torna muito mais fácil quando conseguimos aproveitar a vida, inclusive por meio do trabalho que realizamos."

Desde então, essa compreensão sobre o que significa deixar um legado duradouro tem guiado suas escolhas profissionais.

Depois de se formar em administração de empresas, Daniela ingressou como trainee no Banco Nacional. Gostava do trabalho, mas quando surgiu uma proposta da Coca-Cola para integrar o time de marketing — ainda que com um salário inferior — a oportunidade lhe pareceu irresistível.

"Foi a decisão certa, porque foi na Coca-Cola que descobri duas das minhas grandes paixões profissionais: a inteligência de mercado e o *insight* do consumidor. Em apenas um ano, eu já ganhava mais do que no banco — e estava me divertindo muito mais."

O prestígio da empresa e a localização do escritório também colaboravam para o entusiasmo:

"Na época, trabalhar na Coca-Cola era sinônimo de status. O escritório no Rio de Janeiro ficava num prédio lindíssimo em Botafogo, com uma vista deslumbrante para a Baía de Guanabara".

Mas o encanto não durou. A politicagem interna e o estilo de gestão de seu chefe acabaram tirando o prazer do trabalho. Quando recebeu uma proposta da SC Johnson para o cargo de gerente de serviços de marketing, aceitou prontamente — apesar de a nova sede não ter o mesmo charme e o trajeto diário incluir a temida Estrada do Urubu, assim nomeada pela grande quantidade de animais mortos ao longo do caminho.

"Foi ali que encontrei um ambiente que me fazia feliz — e, mais do que isso, encontrei a mim mesma."

Na SC Johnson, Daniela começou a desenvolver efetivamente sua liderança.

"Minha supervisora, Ana Maria, diretora de marketing, era uma líder extraordinária. Completamente diferente do meu chefe anterior, era acessível, direta, generosa em compartilhar conhecimento. Ela me estimulava, me ensinava, me fazia querer ser melhor. Admirava profundamente a Ana Maria. Embora não fosse uma mentora formal, tornou-se minha principal referência."

O reconhecimento e o estímulo da liderança abriram novos caminhos:

"Fiz meu mestrado em marketing e tive três filhos enquanto trabalhava lá. Depois de uma das licenças-maternidade, fui promovida para um novo cargo. Nunca fui penalizada por ter formado uma família. A SC Johnson era totalmente alinhada aos meus valores. Eu adorava trabalhar ali".

Apesar da satisfação, após cinco anos, Daniela começou a sentir falta do contato direto com a área de inteligência de mercado e decidiu pedir uma mudança de função.

“Quando Ana Maria soube da minha decisão, ela foi honesta: disse que seguir para a área de inteligência talvez me afastasse do caminho tradicional até o cargo de diretora de marketing — uma posição almejada por quem, como eu, tinha um mestrado. Isso me fez pensar. Mas, depois de uma conversa franca com ela, percebi que minha paixão era mais importante que o prestígio do cargo. Seguir meu coração era o caminho certo.”

A experiência ao lado de Ana Maria foi decisiva para que Daniela construísse uma visão mais clara sobre sua carreira. E sua aposta valeu a pena. Pouco depois de sair da SC Johnson, tornou-se diretora de estratégia e *insights* do consumidor da PepsiCo, e, mais tarde, diretora sênior para toda a América Latina.

“Aprendi mais nos primeiros anos do que jamais imaginei ser possível. E então tive a melhor surpresa da minha carreira: Patricia, uma amiga que fiz na época da Coca-Cola, foi contratada pela PepsiCo e passou a ser minha nova chefe.”

Daniela e Patricia haviam mantido contato ao longo dos anos. A amizade se transformou em uma relação de mentoria.

“Sempre admirei a Patricia. Ela tem uma incrível capacidade de enxergar o panorama geral e de formular opiniões equilibradas. Conversávamos com frequência sobre nossas trajetórias, e ela sempre me oferecia conselhos sinceros e valiosos.”

Foi Patricia quem percebeu o talento de Daniela para desenvolver pessoas.

“Ela enxergou em mim uma habilidade que nem eu mesma havia reconhecido. Isso me ajudou a abraçar plenamente esse papel. Hoje, na Heineken, construir equipes fortes e eficazes é uma das partes mais gratificantes do meu trabalho. Já faz tempo que Patricia e eu não trabalhamos juntas, mas ela sempre fará parte da minha aldeia.”

Cercar-se de pessoas que nos tornam melhores é como praticar um esporte com alguém mais experiente: eleva o nosso próprio nível.

As pessoas com quem convivemos influenciam diretamente o que pensamos, como nos comportamos e até mesmo aquilo que valorizamos.

O filósofo grego Epicteto, no primeiro século d.C., já advertia: "O essencial é manter a companhia apenas de pessoas que te elevem, cuja presença evoque o melhor de você".

Avançando para o século XXI:

> *"Um espelho reflete o rosto de um homem, mas o que ele realmente é revela-se pelo tipo de amigos que ele escolhe."*
> — Colin Powell, ex-secretário de Estado dos Estados Unidos

> *"Uma das coisas mais eficazes que você pode fazer para construir hábitos melhores é se juntar a uma cultura onde seu comportamento desejado é o comportamento normal. Sua cultura define sua expectativa para o que é 'normal'. Cerque-se de pessoas que têm os hábitos que você deseja ter. Vocês subirão juntos."*
> — James Clear, autor de *Hábitos atômicos: Um Método Fácil e Comprovado de Criar Bons Hábitos e se Livrar dos Maus*

Para dar a si mesmo a maior vantagem possível, cerque-se de pessoas que torcem por você e celebram seu sucesso. De preferência, que também sejam boas influências, já que, quanto mais tempo você passa com alguém, maior a probabilidade de se tornar semelhante a essa pessoa.

Os efeitos podem ser ainda mais intensos em um grupo, pois os valores de todos tendem a se ajustar à norma coletiva. Por isso, é importante observar as normas nos grupos dos quais você faz parte e considerar se elas estão alinhadas com quem você é e com o impacto que deseja causar. Não deixe isso ao acaso, porque, assim como as pessoas do seu passado moldaram quem você é hoje, a companhia que você mantém no presente está influenciando quem você será no futuro.

Desenvolva e fortaleça relacionamentos com pessoas que esperam muito de si mesmas — e também muito de você. Se você quer ser melhor e fazer melhor, associe-se a pessoas que admira.

Para Daniela, associar-se a pessoas que tinham expectativas elevadas em relação a ela começou com sua própria família.

“Meus pais implicitamente acreditavam que eu poderia fazer qualquer coisa a que me propusesse”, conta. “Então sempre coloquei um padrão elevado para mim mesma. Procurei cargos em empresas multinacionais porque queria trabalhar com pessoas que se colocavam padrões elevados. Em ambientes assim, todos nós crescemos e prosperamos.”

INVISTA EM SUA ALDEIA

Melody e Peter se formaram em universidades da Ivy League[12] e queriam liderar ONGs o mais rápido possível. Mas também queriam ter filhos. Depois de muita negociação, eles fizeram um acordo para se revezarem como o cuidador principal. Quando os gêmeos nasceram, Melody seria a cuidadora principal por dois anos, e depois seria a vez de Peter. Mas, quando chegou a hora, Peter não cumpriu sua parte do acordo. Melody veio me ver porque ela e Peter estavam em um impasse e simplesmente não se falavam mais.

“Fico feliz que ele ame o trabalho e esteja prestes a ser promovido”, disse ela. “Mas, depois de dois anos recolhendo brinquedos e me afogando em fraldas, acho que chegou a minha vez de voltar ao mercado. E ele se recusa até mesmo a conversar sobre isso.” Ela balança a cabeça, incrédula. “Ainda não consigo acreditar que ele está fazendo isso comigo.”

Até então, Melody e Peter viviam uma espécie de corrida amistosa em direção ao sucesso. Essa competição leve os motivava mutuamente: torciam um pelo outro e celebravam juntos cada conquista.

“Competir nos tornou melhores”, conta Melody. “Mas agora ele age como se apenas os sonhos dele importassem. Claro que estou feliz por

12 A Ivy League forma um grupo seleto das oito universidades mais prestigiadas dos Estados Unidos: Brown, Columbia, Cornell, Dartmouth, Harvard, Universidade da Pensilvânia, Princeton e Yale.

vê-lo tão inspirado com o que faz, e me orgulho dos resultados que vem alcançando, mas..." Seus olhos se encheram de lágrimas, e ela puxou um lenço da bolsa. "Eu não devia ter aceitado nos mudarmos para Calgary. Se estivéssemos em Toronto, teria minha família e meus amigos por perto para ajudar."

Melody explicou que, em Toronto, trabalhava em uma organização sem fins lucrativos e estava cercada por pessoas que apoiavam seu sonho de, um dia, abrir sua própria ONG. Amava seu trabalho. Ela e Peter estavam felizes, e os dois vinham poupando dinheiro para formar uma família. Poucos meses após descobrirem que ela estava grávida, Peter recebeu uma proposta para assumir a diretoria de uma ONG em Calgary.

"Eu não queria me mudar", conta ela, "mas o trabalho significava muito para ele, então cedi."

Desde então, cuidar dos gêmeos consumia todo o seu tempo. Como Peter ajudava pouco, Melody não conseguiu fazer novos amigos nem manter contato regular com os antigos.

"Como se não bastasse ele não cumprir o acordo que fizemos, quando ele está em casa, mal larga o celular", diz ela.

Melody explica que queria que o casamento funcionasse, mas era difícil não se sentir frustrada vendo Peter correr atrás dos próprios sonhos, enquanto os dela estavam em suspenso. Em vez de reduzir a distância entre onde estava e onde gostaria de estar, ela sentia que a lacuna aumentava a cada dia.

"Isso não é o que imaginei para minha vida", confessou. "Tenho desejos, metas, projetos... tanto quanto ele. Por que sou eu quem tem que ficar em casa só porque sou a mãe?"

Ela não se sentia confortável em deixar os gêmeos numa creche nem em contratar uma babá completamente desconhecida. Por isso, via apenas duas opções: continuar como estava ou voltar com as crianças para Toronto.

Ao conversarmos mais a fundo sobre o que contribuía para seu desespero, ficou claro que um dos principais fatores era a desconexão de seus vínculos mais próximos — inclusive de seu casamento. Por isso, antes de falarmos sobre mudanças mais radicais, como uma possível volta a Toronto, propus que ela fortalecesse seus relacionamentos.

É sabido — tanto por estudos quanto pela experiência de vida — que pessoas com vínculos afetivos fortes são mais saudáveis e felizes do que aquelas que vivem isoladas. Isso vale tanto nos bons quanto nos maus momentos. O professor Jeffrey Hall, especialista em comunicação na Universidade do Kansas, afirma: "Se o seu objetivo é evitar os riscos à saúde causados pela solidão, ter ao menos um vínculo próximo já faz uma grande diferença. Ir de zero para um é onde colhemos os maiores benefícios. Mas, se você deseja uma vida mais significativa, conectada e com propósito, quanto mais amigos, melhor"[13].

Diversos estudos reforçam essa tese, entre eles uma pesquisa de 2020 conduzida por Suzanne Degges-White, professora e chefe do Departamento de Aconselhamento e Educação Superior da Universidade do Norte de Illinois. Ela constatou que mulheres entre aproximadamente 40 e 70 anos, que mantinham três ou mais amizades próximas, apresentavam níveis significativamente mais altos de satisfação com a vida do que aquelas que não tinham essas conexões. E, se o objetivo é causar um impacto duradouro no mundo, contar com uma rede de apoio torna o caminho mais leve e mais eficaz[14].

"Não importa qual decisão você venha a tomar", disse a ela, depois de compartilhar esses dados, "você estará melhor com a sua aldeia ao seu lado. Quero ajudá-la a restabelecer laços antigos e a formar novas conexões. Enquanto isso, posso te ajudar a clarear o que é realmente melhor para você e para suas filhas."

---

13 PEARSON, C. How many friends do you really need? *The New York Times*, 7 maio 2022. Disponível em: https://www.nytimes.com/2022/05/07/well/live/adult-friendships-number.html. Acesso em: 24 abr. 2024.

14 DEGGES-WHITE, S.; KEPIC, M.. Friendships, subjective age, and life satisfaction of women in midlife. *Adultspan Journal*, v. 19, n. 1, p. 39-53, 2020. Disponível em: https://onlinelibrary.wiley.com/doi/10.1002/adsp.12086. Acesso em: 24 abr. 2024.

É fácil negligenciar os relacionamentos quando estamos exaustos, sobrecarregados ou enfrentando desafios cotidianos. Mas é justamente nesses momentos que precisamos investir mais em nossas conexões. Quando deixamos de alimentar esses vínculos, criamos obstáculos para nossa própria felicidade e para a realização de nossos projetos. No caso de Melody, em apenas dois anos o casamento passou de estável a quase insustentável. Como não formara novas amizades, ela se sentia completamente só. E sem relacionamentos sólidos, a vida se torna mais difícil, e superar a distância entre o presente e os sonhos se transforma numa tarefa árdua.

Após essa conversa, Melody se comprometeu a retomar os contatos com amigos antigos e a se inscrever numa rede online para conhecer novas pessoas.

"Para ser sincera, tenho estado tão imersa nas crianças e tão magoada com o Peter que não percebi o quanto vinha me sentindo sozinha", admitiu.

Também a incentivei a fortalecer o vínculo com Peter. Afinal, eles haviam sido felizes por anos, e eu não queria que ela desistisse da relação sem tentar resgatar o que havia de bom. A dinâmica entre eles havia mudado — e, como esse novo arranjo funcionava para Peter, ele resistia a reconhecer o desequilíbrio —, mas ainda compartilhavam muitos dos mesmos valores. Independentemente de permanecerem juntos ou não, reconstruir esse relacionamento seria benéfico tanto para eles quanto para as filhas.

A verdade é que a maioria dos vínculos pode ser fortalecida de várias formas. E, como os relacionamentos são um dos principais fatores para determinar nossa capacidade de deixar um legado significativo, precisamos aprender a nos relacionar melhor.

Como afirma James Clear, autor de *Hábitos atômicos*: "As maiores recompensas na vida muitas vezes são adiadas [...]. Resultados significativos levam muito tempo para crescer e se acumular [...]. Se você quer que seus resultados continuem a crescer, então precisa de relacionamentos duradouros [...]. Muitos relacionamentos se desintegram antes que as recompensas se acumulem".

O QUE FAZ UM RELACIONAMENTO SER BOM?

Assim como todos têm suas próprias ideias sobre o que significa causar um impacto duradouro, também temos definições diferentes de relacionamentos "bons". Mas, seja qual for a sua definição, se você tem uma aldeia forte, os relacionamentos nos quais investe mais tempo devem estar alinhados aos seis parâmetros para bons relacionamentos.

Os seis parâmetros para bons relacionamentos

Tipicamente, os bons relacionamentos possuem algumas das qualidades a seguir:

1. **Autenticidade:** fazem você se sentir confortável sendo sua versão mais autêntica com a outra pessoa.
2. **Encorajamento:** eles o encorajam a crescer e evoluir.
3. **Espaço seguro:** eles mantêm um espaço onde você sente segurança para sonhar e visualizar novas oportunidades e compartilhar seus segredos e preocupações.
4. **Influência positiva:** eles são inspiradores e motivadores.
5. **Cuidado e compaixão:** a outra pessoa se mostra preocupada com sua felicidade e bem-estar.
6. **Expectativas elevadas:** eles esperam coisas boas de você.

Daniela, por exemplo, floresceu significativamente quando teve líderes de equipe que a inspiravam, valorizavam sua autenticidade, criavam um ambiente seguro para seu crescimento e desenvolvimento, demonstravam genuíno cuidado com seu bem-estar e felicidade, e mantinham para ela expectativas elevadas. Hoje, na Heineken, as equipes que ela forma e lidera exemplificam todos os seis parâmetros para um bom relacionamento, e são também marcadas por valores como respeito, honestidade, independência, comunicação aberta, responsabilidade e, naturalmente, trabalho em equipe. Daniela quer que os membros de sua equipe sintam prazer no trabalho tanto quanto ela sente.

"Eu adoro desenvolver talentos e construir equipes fortes, e uma das razões pelas quais essas equipes são fortes é que não há hierarquia em nosso processo", diz ela. "Falo com o CEO da mesma forma que falo com meu estagiário. Ambos merecem respeito, tempo e consideração."

Daniela estimula a autonomia de sua equipe, permitindo que cada um realize suas tarefas como e onde quiser, desde que entregue um trabalho de qualidade e dentro do prazo. Além disso, faz questão de reconhecer individualmente os méritos de seus colaboradores, assim como suas líderes, Ana Maria e Patricia, fizeram com ela.

"É importante reconhecer as conquistas das pessoas e garantir que recebam crédito por elas, pois isso contribui para que sejam promovidas e fortalece uma cultura de valorização de talentos, o que é benéfico para a empresa", afirma. "Com essa dinâmica, trabalhamos juntos para nos aperfeiçoar individual e coletivamente. Essa também é a dinâmica no meu casamento."

Ela sorri ao contar que seu marido, Ronaldo (que você conheceu no Capítulo 1), sempre foi uma influência positiva em sua vida.

"Ele tem um otimismo inesgotável e acredita que todo problema tem uma solução — só precisamos encontrá-la. Às vezes, quando enfrento um desafio, me pego pensando: como o Ronaldo resolveria isso?"

Daniela o descreve como alguém alegre, afável, e o admira por conseguir se relacionar bem com qualquer pessoa.

"Essas são qualidades que eu procuro cultivar em mim também", diz ela.

Ronaldo, por sua vez, descreve Daniela como o elo que mantém a família unida.

"Eu não teria conseguido alcançar meus objetivos profissionais nem construir uma família tão sólida se não fosse pela Dani", diz ele.

Ao longo dos anos, enfrentaram diversas situações e desafios, mas conseguiram se adaptar por investirem continuamente em seu casamento e em seus vínculos com amigos, familiares e colegas de trabalho.

"Ronaldo é o melhor parceiro que eu poderia desejar", afirma Daniela. "Ele tem estado ao meu lado há 25 anos, sempre apoiando minhas escolhas, mesmo quando isso significou morar um ano nos Estados Unidos enquanto ele permanecia no Brasil."

A história de Daniela e Ronaldo é um exemplo do que duas pessoas podem construir juntas. Além de cultivarem um casamento feliz, ambos vivem de forma significativa e contribuem para um mundo melhor por meio da colaboração e do trabalho em equipe. Quando duas pessoas compartilham uma conexão profunda, um mais um é mais do que dois — é como um investimento com retorno composto. O que realizam individualmente é ampliado quando estão juntas. Essa sinergia é um catalisador de potencial: ambas crescem, conquistam mais e se tornam melhores.

Às vezes, a matemática é simples. Quando o resultado é positivo, você percebe que o relacionamento o faz evoluir. Você sente que está crescendo. Mas, quando a soma de um relacionamento resulta em menos que dois, ele enfraquece uma ou ambas as pessoas. Em vez de incentivar o crescimento, ele poda as asas. Foi justamente esse sentimento que levou Rafael a marcar uma consulta comigo. Depois de quase um ano em um relacionamento monogâmico, ele disse: "Sinto-me preso. Não sou mais o cara que era há um ano e não sei como consertar isso".

Rafael contou que sua namorada, Anelisa, era extremamente ciumenta e insegura por causa de traições que sofrera em relacionamentos anteriores.

"Eu nunca a traí e jamais dei qualquer motivo para que ela desconfiasse", disse ele. "Mesmo assim, ela está sempre me acusando de querer estar com outras mulheres."

Anelisa não gostava de nenhum dos amigos de Rafael, e a lista de pessoas que ele não podia mais ver crescia a cada semana. Em pouco tempo, o ciúme dela se estendeu aos colegas de trabalho, e, quando a chefe de Rafael anunciou que levaria o departamento inteiro para San Diego para celebrar os resultados do ano, Anelisa declarou que terminaria com ele se ele fosse.

“Foi aí que eu deveria ter imposto limites”, confessou ele, passando os dedos pelo cabelo. “Eu sabia que pegaria mal não ir, mas não queria criar um conflito.”

Na avaliação de desempenho seguinte, sua chefe observou que a ausência na viagem havia demonstrado falta de comprometimento com a equipe, e Rafael foi preterido para uma promoção. O relacionamento com Anelisa já havia deteriorado sua qualidade de vida, mas o fato de não ser promovido evidenciou que ele também estava comprometendo sua carreira. Ele aspirava chegar ao nível executivo, mas com Anelisa, percebeu que isso não seria possível.

“Se um dos seus amigos contasse exatamente o que você acabou de me contar, o que você diria a ele?”, perguntei.

“Cai fora.”

Se ele estivesse no meu consultório, e não apenas na tela do computador, eu teria lhe dado um *high five*.

Até aprender sobre os seis parâmetros para um bom relacionamento, Rafael não sabia que estava vivendo uma dinâmica disfuncional. Só percebia que se afastava, pouco a pouco, do caminho que desejava seguir. Quando vemos alguém nessa situação, o desequilíbrio é evidente. No entanto, para quem está dentro do caos, é difícil obter perspectiva — é como tentar observar a paisagem a partir do olho de um furacão. À medida que Rafael se desconectava de outros vínculos importantes, as fronteiras entre o saudável e o inaceitável tornaram-se difusas. Perdendo o senso de proporção, os efeitos da perda se espalharam por todas as áreas de sua vida.

Felizmente, o efeito cascata também pode operar de maneira positiva. Quando um relacionamento cumpre a maioria, ou todos, os seis parâmetros, ele beneficia não só os envolvidos, mas também irradia influência positiva para todos ao redor. As pessoas nesses vínculos tornam-se nossos conselheiros mais confiáveis, os que estão verdadeiramente do nosso lado, acreditam em nós e nos impulsionam na direção de nosso propósito.

Em *O profeta*, Khalil Gibran diz:

"Seu amigo é sua necessidade atendida.
Ele é seu campo que você semeia com amor
e colhe com gratidão.
E ele é sua mesa e sua lareira.
Pois você vai até ele com sua fome,
e você o busca por paz."[15]

Gibran não era um psicólogo e não se considerava um filósofo, mas sua descrição da amizade é a mais bela e precisa que já li. Bons amigos não apenas têm expectativas altas de nós, nos apoiam e oferecem refúgio das tempestades, mas também são bons para nossa saúde. Pessoas com relacionamentos fortes têm um risco reduzido de pressão alta, depressão e obesidade, e vivem mais do que aquelas que não têm. E, porque bons relacionamentos aumentam seu senso de pertencimento e propósito, eles amplificam sua felicidade, reduzem o estresse, melhoram a confiança e autoestima, e até incentivam você a adotar ou manter hábitos de vida saudáveis. E tudo isso pode ajudá-lo a alcançar seus objetivos. É incrível como os amigos podem influenciar a maneira como nossas vidas se desenrolam. Imagine como seria sua vida se seus amigos mais solidários e generosos não fizessem parte dela. E agora imagine como sua vida poderia ser se todos os seus relacionamentos próximos fossem tão fortes quanto os mais solidários e generosos. É isso que todos deveríamos estar almejando.

CRÉDITOS E DÉBITOS EM UM RELACIONAMENTO

Além dos parâmetros para um bom relacionamento (autenticidade, encorajamento, espaço seguro, influência positiva, cuidado e compaixão, e expectativas elevadas), os bons relacionamentos possuem os seguintes créditos:

---

15 GIBRAN, Khalil. On Friendship. *In*: *The Prophet.* New York: Knopf, 1923. (Reimpresso pela Vail-Ballou Press.) Tradução livre.

Créditos de um relacionamento

- **Igualdade:** gênero, raça, idade, situação financeira e nível de educação não têm influência no relacionamento. Vocês estão em pé de igualdade, e nenhum dos envolvidos se sente superior.
- **Respeito e admiração:** respeito mútuo e admiração são a base para bons relacionamentos. Não é necessário concordar o tempo todo, mas é importante que haja respeito pela opinião do outro e admiração por seus traços positivos, características únicas e o que ele representa.
- **Honestidade e confiança:** honestidade sobre os sentimentos e intenções. A honestidade permite verdade e transparência, ao passo que a confiança dá a certeza de que o que você compartilha não será julgado ou compartilhado com outros.
- **Comunicação franca:** você se sente seguro para contar ao outro quando está chateado, seja com o relacionamento ou não, e sabe que poderá discutir melhorias.
- **Independência e individualidade:** vocês são indivíduos à parte. Existem hobbies, interesses e amigos que vocês compartilham e outros que não. Você tem sua vida, o outro tem a dele, e há uma sobreposição onde suas vidas se cruzam. Passar um tempo juntos é importante para fortalecer o relacionamento, e passar um tempo separados é importante para manter vocês interessantes. Isso é o oposto de codependência, que ocorre quando você depende 100% de outras pessoas para apoio emocional ou psicológico.
- **Descontração:** vocês não levam a vida muito a sério. São brincalhões e zombam de si mesmos e um do outro, compartilhando piadas internas.
- **Trabalho em equipe:** vocês trabalham bem juntos e se divertem. São gentis e torcem um pelo outro. Dão o

benefício da dúvida um ao outro, não precisam pisar em ovos e sabem onde estão.

- **Responsabilidade:** às vezes erram. Mas, quando isso acontece, assumem a responsabilidade e contam com honestidade e comunicação aberta para conversar sobre isso.

Débitos de um relacionamento

- **Desonestidade:** mentira, segredos guardados, dissimulação e infidelidade são elementos tóxicos para todos os relacionamentos.
- **Ciúmes:** precisar de permissão para fazer planos ou passar tempo com membros da família ou outros amigos eventualmente prejudica qualquer relacionamento.
- **Desrespeito:** comportamentos desrespeitosos incluem menosprezar, insultar e fazer piadas sobre você, sua família ou amigos. As pessoas também podem desrespeitar limites, por exemplo, criticando práticas religiosas ou pontos de vista políticos.
- **Dependência/codependência:** quando você precisa ser necessário e está em um relacionamento com alguém que precisa de você, a dinâmica faz de você o doador e a outra pessoa o receptor. Ou vice-versa. Esta não é uma dinâmica saudável e deve ser evitada.
- **Assédio ou violência:** o assédio e a violência assumem muitas formas, mas um efeito comum é ter medo de expressar sua opinião ou fazer o que deseja porque pode sofrer consequências físicas ou psicológicas.
- **Diminuição da noção de si mesmo:** ser alvo de desonestidade, ciúmes, desrespeito, dependência, assédio ou violência pode fazer com que você sinta que está perdendo a si mesmo. Com o tempo, esses comportamentos nocivos

prejudicam o crescimento, estragam a saúde e fazem com que você se sinta uma pessoa má ou uma pessoa diminuída.

Exercício: analise sua lista de relacionamentos

A maioria das pessoas sabe o que está funcionando em seus relacionamentos e o que não está, mas, quando meus clientes fazem uma avaliação detalhada, algumas das informações que surgem são surpreendentes. Às vezes, eles veem problemas que se repetem em seus relacionamentos. Às vezes, pensam que têm uma aldeia mais forte do que ela é de fato. Revisar sua lista de relacionamentos lhes dá clareza sobre sua situação atual. A beleza deste exercício é que, mesmo que os resultados iniciais não sejam o que você esperava, a lista de créditos e débitos mostra exatamente o que pode ser melhorado. Reserve um tempo para pensar a fundo neste exercício, pois o revisitaremos ao longo do livro:

1. Faça uma lista das três a cinco pessoas com quem você passa mais tempo. Isso pode incluir amigos, membros da família, colegas de trabalho, vizinhos ou qualquer outra pessoa que esteja por perto com frequência.
2. Agora, faça uma lista das três a cinco outras pessoas (que não estejam na sua primeira lista) que exercem maior influência sobre você. Isso pode incluir seus pais, irmãos, um mentor e até pessoas que o influenciam, mesmo que você não queira. (Lembre-se de que as pessoas em ambas as listas influenciam seus pensamentos e comportamentos.)
3. Preencha a tabela a seguir para cada pessoa. Circule as colunas de acordo com as instruções.

	Avaliação do relacionamento (sua avaliação subjetiva)	**Créditos**	**Débitos**
	Como você descreveria esse relacionamento no momento? Isto tem a ver com seus sentimentos subjetivos. Circule a escolha apropriada.	Destes créditos de relacionamento, circule todos que estejam presentes nesse relacionamento:	Destes débitos de relacionamento, circule todos que estejam presentes nesse relacionamento:
Pessoa 1	1. Péssimo 2. Precisa melhorar 3. Mediano 4. Bom 5. Excelente	1. Igualdade 2. Respeito e admiração 3. Honestidade e confiança 4. Comunicação franca 5. Independência e individualidade 6. Descontração 7. Trabalho em equipe 8. Responsabilidade	1. Desonestidade 2. Ciúmes 3. Desrespeito 4. Dependência/ codependência 5. Assédio ou violência 6. Diminuição do senso de si
Pessoas de 2 a 10	1. Péssimo 2. Precisa melhorar 3. Mediano 4. Bom 5. Excelente	1. Igualdade 2. Respeito e admiração 3. Honestidade e confiança 4. Comunicação franca 5. Independência e individualidade 6. Descontração 7. Trabalho em equipe 8. Responsabilidade	1. Desonestidade 2. Ciúmes 3. Desrespeito 4. Codependência 5. Assédio ou violência 6. Diminuição do senso de si

Como interpretar seus resultados

Ao refletir sobre seus relacionamentos, considere quais estão verdadeiramente alinhados com seus valores e propósito de vida. Se você conta com apenas duas ou três pessoas de confiança, busque estratégias para ampliar sua rede de conexões. Não há um número ideal de vínculos próximos: ter apenas uma pessoa ao lado pode ser insuficiente, enquanto uma dezena ou mais pode tornar-se excessivo. O equilíbrio está em cultivar um número de relações significativas que proporcionem apoio e conexão, sem esgotar suas energias nem comprometer a profundidade desses laços.

Créditos de um relacionamento

Se você circulou todos ou a maioria dos créditos para alguém em uma de suas listas, não se acomode. Trabalhe para melhorar e fortalecer o que já está funcionando. Mesmo nos relacionamentos mais saudáveis, sempre há espaço para crescimento e aprimoramento. Não se contente com o *status quo*; continue investindo tempo e esforço para cultivar essas conexões.

Se houver créditos ausentes em um relacionamento específico, reserve um momento para refletir por que eles estão faltando e como podem ser desenvolvidos. Comunique-se com franqueza com a outra pessoa sobre suas necessidades e expectativas. Explore maneiras de fortalecer a igualdade, o respeito, a comunicação aberta e outros aspectos importantes para um relacionamento saudável. Lembre-se de que o crescimento e a evolução são parte natural de qualquer relacionamento significativo.

Débitos de um relacionamento

Um relacionamento com mais de um débito pode diminuir a qualidade de vida de todos os envolvidos. Tais relacionamentos exigem sua atenção com urgência. (Consulte o guia de ações no final do livro para encontrar passos práticos que podem ajudar a reparar relacionamentos.)

VOCÊ PODE FORTALECER SUA ALDEIA

E quando um relacionamento importante em sua vida não possui nenhum dos débitos, mas suas interações nessa relação fazem você se sentir péssimo?

Ou, então, há um relacionamento que possui vários dos créditos, mas houve um grande desentendimento entre vocês?

Em casos assim, considere os créditos do relacionamento e veja se eles são maiores que os débitos ou desapontamentos. Se uma pessoa está alinhada com os objetivos e propósitos de sua vida, e você quer que ela seja parte de sua aldeia, é preciso dar os passos para melhorar o relacionamento. Se não fizer nada de diferente, nada vai mudar.

O que você pode fazer

- **Compartilhe como está se sentindo.** Se a relação não tem débitos, mas interagir com a pessoa tem um efeito negativo, tente identificar por que você se sente mal quando interage com ela. É a maneira como ela te trata, algum comportamento como interromper suas falas, ou uma atitude particular que te incomoda? Uma vez que se identifique por que a interação é desagradável, considere compartilhar como você está se sentindo, sem apontar o dedo ou atacar a pessoa. O objetivo é simplesmente compartilhar como você se sente e pedir opiniões. Por exemplo: meu cliente Bob valoriza a família e adora passar tempo com seus irmãos. Seus relacionamentos com eles têm todos os benefícios e nenhum dos problemas. Entretanto, nos últimos anos, ele percebeu que seus irmãos às vezes faziam pequenos comentários ferinos sobre ele, algo que não costumava acontecer. Sugeri que Bob apontasse isso na próxima vez que acontecesse e prestasse atenção no que eles tinham a dizer. Descobriu-se que os irmãos de Bob estavam um pouco incomodados porque ele frequentemente sugeria restaurantes, concertos, eventos esportivos e outras atividades que eles não podiam pagar com facilidade. Ele não havia percebido que os comentários estavam sempre relacionados a esse tipo de sugestão, mas, uma vez que seus irmãos lhe disseram como se sentiam, todos puderam rir sobre o quanto Bob estava desinformado sobre o custo das coisas. Com consciência disso, Bob passou a fazer sugestões mais apropriadas e o problema foi resolvido. Se ele não tivesse pedido a explicação sobre os comentários, ainda estaria no escuro e teria perdido a oportunidade de se tornar melhor.

- **Concordar em discordar sobre temas polêmicos ou encontrar uma maneira de entender o ponto de vista um do outro, ainda que não concordem.** Por exemplo: quando as vacinas contra a covid-19 foram disponibilizadas, muitos amigos e até mesmo membros da família terminaram relacionamentos que eram sólidos em todo o resto porque discordavam sobre a segurança e eficácia das vacinas. Quando assumimos uma posição, nos colocamos em uma situação de resistência, de certa forma, e podemos alienar pessoas que são importantes para nós e que dão sentido à nossa vida. Em vez de permitir que um único problema ou discordância isolada se torne uma barreira permanente ou de criticar alguém por sua opinião ou preferência, por que não concordar em discordar? Aprender a respeitar as opiniões das outras pessoas, especialmente quando são diferentes das nossas, é uma característica importante dos bons relacionamentos.
- **Perdoe e repare o relacionamento ou o recrie.** Ninguém se comporta de forma impecável 100% do tempo, então, quando alguém faz algo que te decepciona ou machuca, é

> útil considerar toda a história do relacionamento antes de tomar decisões precipitadas sobre cortar laços ou retaliar. Sendo completamente honesto consigo mesmo, talvez você consiga ver que o erro da pessoa é um que você mesmo já cometeu ou que poderia cometer em circunstâncias semelhantes.

Outra coisa útil em revisar a história do relacionamento é que, se o que a pessoa disse ou fez não estiver em consonância com o comportamento passado, você pode evitar levar para o lado pessoal. Em vez disso, talvez descubra que a pessoa precisa de algum tipo de ajuda ou apoio. Você tem uma variedade de opções nessas situações, mas uma que não recomendo é decidir que um incidente isolado é motivo para terminar um relacionamento forte. Muitas vezes ouço clientes nessa situação dizerem que a pessoa finalmente mostrou sua cara de verdade, e sempre questiono essa suposição. Se isso for verdade, a pessoa fingiu ser um bom amigo todos esses anos?

Quando alguém comete um erro ou te machuca de uma forma que nunca havia feito até então, essa pessoa não está mostrando sua cara. Está mostrando sua humanidade. Resista ao impulso emotivo de punir um amigo por ter agido errado com você, porque você pode acabar se machucando ao negar ao relacionamento a chance de se curar ou se transformar. Se o relacionamento era forte antes do evento, provavelmente vale a pena dar à pessoa uma segunda chance. Construir e fortalecer sua comunidade é uma das coisas mais importantes que você pode fazer para reduzir a distância entre onde você está agora e aonde deseja chegar.

Propósito + Aldeia = Impacto duradouro

Para construir uma aldeia forte, precisamos ser capazes de formar e sustentar conexões profundas. Isso só é possível se soubermos valorizar a individualidade — tanto a nossa quanto a dos outros —, mantivermos expectativas realistas e aprendermos a reparar as feridas inevitáveis que surgem nos relacionamentos. Todos somos únicos, e aprender a reconhecer e apreciar essa singularidade é uma das competências mais importantes que podemos desenvolver.

Manter expectativas razoáveis é essencial. Isso inclui aceitar que, em algum momento, sentiremos raiva, frustração, tristeza, mágoa ou decepção em relação a outras pessoas — especialmente em vínculos de longo prazo. Entender isso nos prepara emocionalmente para essas experiências e nos impede de dramatizá-las quando elas ocorrem.

Todo relacionamento, por mais sólido que seja, enfrentará momentos de discordância, desilusão e desapontamento. Os vínculos mais profundos e significativos são compostos por uma mistura complexa de elementos positivos e negativos: envolvimento, amor, dedicação, mágoa, alegria, surpresa, lealdade, egoísmo, generosidade. Como nenhum relacionamento é imune a turbulências, precisamos desenvolver a capacidade de reparar os danos que surgem ao longo do caminho. Aqueles que não aprendem a realizar esses reparos não conseguem manter relações duradouras. E quem não consegue manter os vínculos que tem acaba, frequentemente, investindo tempo e energia excessivos em formar novos laços — novas amizades, novos relacionamentos amorosos, novos empregos — tempo esse que poderia ser direcionado à construção de um conceito mais sólido e coerente de sucesso pessoal.

Os segredos para ter êxito nos relacionamentos estão em compreender que incidentes dolorosos são naturais e em cultivar a habilidade de restaurar a conexão após eles. As rupturas machucam, mas também oferecem oportunidades valiosas de crescimento. Dominar a arte da reparação fortalecerá seus relacionamentos, permitindo que cresçam e evoluam. E quanto mais profundos e significativos esses vínculos se tornarem, mais ricos e recompensadores serão — e maior será o impacto positivo e duradouro que você poderá exercer no mundo por meio deles.

CAPÍTULO 4

É HORA DE AVALIAR SUAS ESTRATÉGIAS

Uma longa lista de ex-colegas sabia que Celeste era sua pior inimiga. Arquiteta brilhante, ela era capaz de identificar um erro de design em segundos. No entanto, quando se tratava de perceber como sabotava seus próprios relacionamentos, ela permanecia completamente cega. Procurou-me para uma consulta após ser preterida em duas promoções consecutivas — e perceber que sua carreira havia estagnado.

Na verdade, Celeste repetia o mesmo padrão nas empresas pelas quais passava. Sempre que ingressava em um novo ambiente de trabalho, rapidamente se destacava: tornava-se uma funcionária exemplar, respeitada, querida e incluída em todas as atividades, dentro e fora do escritório. Contudo, passados seis meses ou um ano, a lua de mel chegava ao fim — e Celeste começava a destruir, um a um, os vínculos com os colegas de equipe. Às vezes por erros cometidos ou prazos perdidos; outras vezes, apenas porque os colegas ousavam discordar de sua certeza absoluta de que ela estava certa e os demais, errados.

"É tão injusto", desabafou Celeste em nossa primeira conversa. "Por causa da politicagem do escritório e dos meus colegas preguiçosos, perdi duas promoções este ano."

A possibilidade de ser o denominador comum em todos os seus conflitos interpessoais nem sequer lhe passava pela cabeça. Às vezes, o elefante na sala é tão grande que parece fazer parte da mobília. Por isso, o primeiro passo foi ajudá-la a enxergar o papel que desempenhava nas dificuldades que enfrentava e incentivá-la a refletir sobre o que realmente era importante para ela. Será que preferia mesmo ser uma loba solitária no ambiente profissional? Ou ficava mais satisfeita quando se sentia respeitada e incluída por seus colegas? Já havia considerado que os atritos constantes com a equipe poderiam estar afetando diretamente sua trajetória e suas chances de promoção?

Pessoas que ascendem na hierarquia corporativa não possuem apenas habilidades técnicas refinadas. Elas também cultivam competências sólidas de liderança e sabem colaborar eficazmente com os outros. Por isso, fortalecer suas habilidades de relacionamento era uma estratégia necessária para Celeste. Afinal, a qualidade dos nossos vínculos pode alavancar — ou comprometer — nossa capacidade de alcançar o sucesso.

Celeste precisava ampliar sua consciência sobre como se comportava nos relacionamentos e observar com mais clareza o impacto que gerava nos outros. Iniciamos, então, nosso trabalho conjunto com uma pergunta essencial: ela estava, de fato, agregando valor à comunidade profissional da qual fazia parte?

VOCÊ ESTÁ AGREGANDO VALOR?

Ao listar as qualidades que considerava imprescindíveis em um membro valioso da equipe, Celeste percebeu que ela mesma não atendia a todos os critérios. De fato, era rigorosa com prazos, entregava um trabalho tecnicamente impecável e estava disposta a se dedicar além do esperado pelo sucesso coletivo. No entanto, suas habilidades de comunicação deixavam a desejar — sobretudo em momentos de ansiedade —, e sua constante necessidade de estar "certa" acabava sufocando a criatividade da equipe.

"Eu admito que tenho algumas coisas a melhorar", reconheceu ela. "Mas, se todo mundo simplesmente fizesse seu trabalho como deveria, eu não me irritaria com eles."

Sejamos honestos: a maioria de nós é mais hábil em perceber os defeitos alheios do que os próprios. Observamos os outros com mais objetividade do que a nós mesmos. Quando interagimos com alguém, conseguimos ver suas expressões faciais, ouvir alterações no tom de voz, identificar sinais de desconforto. Mas não vemos a nossa própria expressão nem percebemos com clareza o tom que usamos ou o impacto que provocamos.

Para compreender o nosso papel em qualquer relacionamento, precisamos observar atentamente nossos pensamentos, reações e julgamentos — e, principalmente, como as pessoas reagem à nossa presença. Muitas vezes, o sentimento que despertamos nos outros durante uma interação é mais marcante do que qualquer coisa que digamos ou façamos. Ao nos tornarmos mais conscientes da resposta emocional que provocamos, podemos ajustar nosso comportamento de forma mais empática e eficaz.

Quando os colegas começaram a se afastar, Celeste prontamente os culpou, sem considerar a possibilidade de que seu próprio comportamento pudesse ter contribuído para aquele distanciamento. Foi apenas quando eu lhe disse que ela representava 50% de cada relacionamento que um *insight* finalmente surgiu.

"Nunca pensei nisso dessa forma", disse ela, após um longo silêncio.

Aceitar que era metade da equação permitiu-lhe enxergar que suas atitudes e comportamentos influenciavam diretamente a forma como os outros se comportavam com ela. Quando passou a observar com objetividade o ciclo repetido — começar como uma estrela em ascensão e depois perder o brilho —, tudo começou a fazer sentido.

Nos primeiros meses em uma nova equipe, Celeste costumava elevar o moral coletivo. Inspirava os colegas a alcançar metas, compartilhava recursos com generosidade e ensinava novas habilidades.

"Fico tão animada quando entro em uma nova equipe", contou ela. "Gosto de colaborar e propor ideias inovadoras."

Contudo, com o tempo, essa postura inspiradora dava lugar à rigidez e à crítica. Celeste passava a repreender colegas por pequenos atrasos, mesmo quando prazos flexíveis não comprometeriam o andamento do trabalho. Demonstrava intolerância com situações como doenças ou emergências familiares. Gradualmente, os colegas que antes se sentiam encorajados e valorizados começaram a evitá-la. Em vez de ser a arquiteta que elevava a todos com sua liderança, tornava-se um obstáculo emocional do qual todos procuravam se esquivar.

Para alcançar o cargo de arquiteta sênior, Celeste precisou aceitar uma verdade fundamental: ela era responsável por metade de cada relação interpessoal que estabelecia. E isso vale para todos nós. Sabemos que bons relacionamentos são essenciais para o sucesso, mas, quando algo dá errado, é comum cairmos na tentação de culpar o outro. No entanto, questionar se estamos de fato fazendo a nossa parte pode ser o passo mais transformador.

Refletir sobre nossas próprias competências relacionais — e buscar aprimorá-las — aumenta significativamente as chances de que as pessoas que queremos ao nosso lado também queiram estar conosco. É assim que se constrói, de forma madura e consciente, uma comunidade profissional e pessoal mais forte, solidária e duradoura.

Exercício: avalie o efeito que você está causando

No Capítulo 3, você viu os tipos de qualidade que deseja que as pessoas em sua aldeia demonstrem. Agora estamos invertendo as perguntas para ver se você é alguém que outras pessoas gostariam de incluir em suas aldeias.

Para ter uma ideia de como você afeta os outros, considere as seguintes questões:

- As pessoas com quem me associo melhoram? Em geral, agrego valor à vida dos outros?

- Elevo e inspiro as pessoas a melhorar e alcançar seus objetivos?
- Sou alguém em quem as pessoas podem confiar? Ajudo os amigos a se mudarem, forneço referências médicas ou informações úteis sobre restaurantes e destinos de viagem, e estou ao lado deles quando ficam doentes?
- Sou agradável e solidário?

Você também pode levar em consideração o feedback recebido de seus amigos e colegas de trabalho:

- Eu gosto das palavras que usam para me descrever?
- Sou convidado para festas e outros eventos sociais?
- As pessoas pedem minha ajuda?
- As pessoas confiam em mim, compartilham seus segredos e preocupações comigo, e me pedem conselhos?

Se as respostas para a maioria das perguntas em ambas as listas é sim, então provavelmente você tem boas habilidades de relacionamento.

Mas também há momentos em que você não está tão radiante. Embora ninguém se orgulhe de seus momentos medíocres, quando os analisamos objetivamente, eles nos oferecem pistas sobre como podemos melhorar nossas interações. Ser mais autocrítico sobre o valor que você traz aos relacionamentos e se comprometer a melhorar suas habilidades o ajudará a deixar o legado desejado.

Outra forma de avaliar suas habilidades de relacionamento é por meio da sua bússola interna. Em certos momentos, você simplesmente *sabe* que fez a coisa certa. Talvez tenha conseguido manter a paciência e agir com gentileza mesmo sob pressão do tempo. Ou talvez alguém tenha reconhecido que você estava certo, e você resistiu à tentação de responder com um "eu avisei". Pode ser, ainda, que você tenha feito um esforço genuíno para orientar ou encorajar alguém que duvidava de sua própria capacidade de alcançar o sucesso. Nesses casos, você não precisa de validação externa: há um brilho silencioso que confirma que você tomou uma boa decisão.

No entanto, também existem momentos em que sua atuação não parece tão luminosa. Embora ninguém sinta orgulho de seus instantes de mediocridade, esses episódios, quando examinados com honestidade, trazem o autoconhecimento necessário para melhorar nossas relações. Desenvolver uma postura mais crítica e reflexiva sobre o valor que você oferece nos relacionamentos — e comprometer-se com o aprimoramento contínuo — é essencial para construir o legado que você deseja deixar.

Para que essa autoavaliação seja eficaz, é necessário ser honesto consigo mesmo, o que exige prática e disposição. Como escreveu Stephen R. Covey, autor de *Os 7 hábitos das pessoas altamente eficazes*: "Julgamos a nós mesmos pelas nossas intenções, e os outros, pelo seu comportamento". Imagine o quanto poderíamos melhorar nossas relações se invertêssemos essa lógica: se passássemos a julgar os outros pelas intenções e a nós mesmos pelos comportamentos que de fato expressamos.

O convite aqui é este: seja mais objetivo consigo mesmo do que jamais foi. Sua missão é descobrir maneiras concretas de fortalecer suas habilidades relacionais e estabelecer metas mensuráveis que promovam crescimento e aprimoramento contínuos. Todos sabemos que qualquer tipo de melhora exige prática deliberada, mas muitos ainda acreditam — erroneamente — que os relacionamentos se sustentam sozinhos, por inércia ou afinidade natural. Isso está longe de ser verdade. Relações sólidas exigem competências interpessoais bem desenvolvidas.

Fortalecer essas competências não apenas o tornará uma pessoa mais consciente e eficaz em suas interações, como também permitirá que você construa conexões mais significativas — e, assim, exerça um impacto duradouro que esteja alinhado com seus valores e com o tipo de pessoa que deseja se tornar.

Exercício: analise sua performance

Esta é uma oportunidade para praticar ser objetivamente crítico consigo mesmo. Quando um mais um resulta em menos que dois em um relacionamento, é sua responsabilidade descobrir como você está contribuindo para o déficit. Se você não se implicar de alguma forma, está sendo generoso demais consigo mesmo e perdendo a chance de crescer.

Para este exercício, você usará a mesma lista de créditos e débitos que usou para avaliar a saúde de seus relacionamentos no Capítulo 3. Só que, desta vez, você avaliará seu próprio desempenho no relacionamento.

Créditos	**Débitos**
1. Igualdade 2. Respeito e admiração 3. Honestidade e confiança 4. Comunicação franca 5. Independência e individualidade 6. Descontração 7. Trabalho em equipe 8. Responsabilidade	1. Desonestidade 2. Ciúme 3. Desrespeito 4. Dependência/codependência 5. Assédio ou violência 6. Diminuição da noção de si mesmo

Responda às seguintes perguntas, usando a lista:

1. Revise os créditos da tabela e liste aqueles que você sempre ou quase sempre leva para seus relacionamentos.

2. Liste os créditos que são mais desafiadores para você. Isso mostra suas oportunidades de crescimento.
3. Revise os débitos da tabela e liste aqueles que você leva às vezes para um relacionamento.

Consulte o exercício “Analise sua lista de relacionamentos”, que você fez no Capítulo 3, e responda às seguintes perguntas. Seu objetivo é se implicar de todas as maneiras possíveis, tendo em mente que você é metade de cada relacionamento.

1. Para os relacionamentos que têm itens ausentes na coluna de créditos, como seu comportamento pode estar contribuindo para isso?
2. Para os relacionamentos que têm um ou mais itens na coluna de débitos, como seu comportamento pode estar contribuindo para isso?

Uma vez que você identifique áreas para sua própria melhoria, poderá criar um plano para desenvolver os créditos que são desafiadores para você e fortalecer as habilidades para eliminar os débitos que você leva para os relacionamentos.

Perceber como seus comportamentos podem estar contribuindo para os problemas que agem como barreiras para seu sucesso pode motivá-lo a fazer melhorias, e até mesmo pequenas melhorias se acumulam para causar grandes impactos.

VALORES MOTIVAM O COMPORTAMENTO

Quando Celeste começou a analisar seus relacionamentos profissionais com mais objetividade, percebeu que era a causa de muitos dos conflitos. No entanto, ainda não estava pronta para aceitar que a responsabilidade de resolvê-los também lhe cabia.

"Eu me importo mais com o desempenho da equipe do que todos os outros juntos", disse. "Por que *eu* é que tenho que mudar? São eles que precisam se empenhar, para que todos possamos ser promovidos. Mas com eles é uma distração atrás da outra."

As tais "distrações" às quais Celeste se referia incluíam cuidar de familiares doentes, comemorar aniversários, comparecer a eventos esportivos dos filhos e tirar férias em família — atividades que refletiam aquilo que seus colegas valorizavam na vida. Para eles, família e lazer tinham tanta importância quanto o sucesso profissional e a produtividade tinham para Celeste.

"Eu sei que a família é importante para eles", admitiu, "mas, no trabalho, acho que deveriam priorizar a reputação profissional, como eu faço."

"Os valores são muito pessoais", respondi. "São únicos para cada pessoa, e nenhum valor é inerentemente melhor do que outro. A razão pela qual vale a pena conhecer os seus valores é que aquilo que você considera essencial ou extremamente importante influencia diretamente seu comportamento e suas escolhas. Conhecer seus valores ajuda você a compreender o que é bom e significativo *para você*, mas, se começar a julgar os outros com base nesses mesmos critérios, eles sempre parecerão em desvantagem. E essa não é uma avaliação justa."

Ela assentiu com a cabeça, mas percebi que ainda não estava completamente convencida. Então, prossegui explicando que todos temos valores diferentes porque cada um de nós é moldado por uma história de vida singular.

"Nossos valores são formados a partir de nossas qualidades inatas, da criação que recebemos, da cultura em que estamos inseridos e das influências das comunidades que nos cercam. Mas isso não significa que eles são imutáveis. À medida que ganhamos experiência de vida e adquirimos conhecimento, podemos revisitar nossos valores e até transformá-los."

"Mais ou menos como o fato de que eu costumava comer carne e agora sou vegetariana, e faço parte do PETA [Pessoas pelo Tratamento Ético dos Animais]?", perguntou Celeste.

"Esse é um ótimo exemplo", respondi. "Mesmo que os valores possam evoluir, eles permanecem profundamente pessoais, pois derivam da trajetória individual de cada um. É por isso que se torna mais fácil entender e respeitar as pessoas quando conhecemos seus valores. Da mesma forma, conhecer os próprios valores nos ajuda a compreender melhor nossas motivações."

"Isso faz sentido", disse Celeste. "Mas ainda acho que todos em uma equipe de projeto deveriam valorizar o sucesso."

"E se alguém estiver mais empenhado em construir uma família sólida ou acreditar, com convicção, na importância do equilíbrio entre trabalho e vida pessoal?", retruquei.

Ela balançou a cabeça, relutante.

"Mas eles não deveriam se concentrar em conquistar estabilidade financeira e crescer profissionalmente primeiro?"

"Talvez esse seja o seu caminho", respondi. "Mas e se, para eles, isso não for prioridade? Talvez o que realmente importa seja o tempo com a família. Talvez queiram simplesmente aproveitar a juventude, ou prefiram avançar em direção à independência financeira de forma mais lenta — ou até considerem que essa não é uma meta relevante. Será que os valores deles estão errados... ou apenas são diferentes dos seus?"

Ela riu.

"Eu sei que a resposta certa é 'Eles são apenas diferentes', mas ainda me parece estranho. Acho que devo fazer essa avaliação de valores que você sugeriu."

Identificar seus próprios valores essenciais é uma etapa fundamental no processo de autoconhecimento e aprimoramento pessoal. Afinal, só se pode melhorar aquilo que se conhece e compreende. Quando você reconhece que o que tem mais valor para si é profundamente pessoal e único, passa a estender essa consciência também aos outros — e se torna mais receptivo à diferença. Com essa consciência, torna-se possível perceber que, assim como você, cada pessoa age e decide com base em um conjunto singular de valores essenciais.

Exercício: identifique seus valores fundamentais

Se você sabe quais são seus valores essenciais, este exercício pode fornecer ainda mais clareza. Se você ainda não identificou seus valores, esta é a hora.

1. Revise a seguinte lista de valores[16] e, se você tiver valores que não estão listados, adicione-os:

- Aceitação: ser aceito por quem sou
- Precisão: ser preciso em minhas opiniões e crenças
- Realização: ter conquistas importantes
- Aventura: ter experiências novas e excitantes
- Atração: ser fisicamente atraente
- Autoridade: estar no comando e ser responsável por outros
- Autonomia: ser autodeterminado e independente
- Beleza: apreciar a beleza ao meu redor
- Cuidado: cuidar dos outros
- Desafio: assumir tarefas e problemas difíceis
- Mudança: ter uma vida cheia de mudanças e variedade
- Conforto: ter uma vida agradável e confortável
- Comprometimento: assumir compromissos duradouros e significativos
- Compaixão: sentir e agir com preocupação pelos outros
- Contribuição: fazer uma contribuição duradoura ao mundo
- Cooperação: trabalhar colaborativamente com os outros
- Cortesia: ter consideração e ser educado com os outros
- Criatividade: ter ideias novas e originais
- Confiabilidade: ser confiável e digno de confiança
- Dever: cumprir meus deveres e obrigações
- Ecologia: viver em harmonia com o meio ambiente

16 MILLER, W. R.; BACA, J. C. de.; MATTHEWS, D. B.; WILBOURNE, P. L. *Personal values card sort*. University of New Mexico Department of Psychology, 2001. Disponível em: https://casaa.unm.edu/assets/inst/personal-values-card-sort-2.pdf.

- Excitação: ter uma vida cheia de emoções e estimulação
- Fidelidade: ser leal e fiel em relacionamentos
- Fama: ser conhecido e reconhecido
- Família: ter uma família feliz e amorosa
- Aptidão: estar fisicamente em forma e forte
- Flexibilidade: se adaptar facilmente a novas circunstâncias
- Perdão: perdoar os outros
- Amizade: ter amigos próximos e solidários
- Diversão: brincar e se divertir
- Generosidade: dar o que tenho aos outros
- Autenticidade: agir de maneira verdadeira ao que sou
- Vontade de Deus: buscar e obedecer à vontade de Deus
- Crescimento: continuar mudando e crescendo
- Saúde: estar fisicamente bem e saudável
- Prestabilidade: ser útil aos outros
- Honestidade: ser honesto e verdadeiro
- Esperança: manter uma perspectiva positiva e otimista
- Humildade: ser modesto e despretensioso
- Humor: ver o lado engraçado de mim mesmo e do mundo
- Independência: ser livre da dependência de outros
- Diligência: trabalhar duro e bem em minhas tarefas de vida
- Paz interior: experimentar paz pessoal
- Intimidade: compartilhar minhas experiências mais íntimas com os outros
- Justiça: promover tratamento justo e igual para todos
- Conhecimento: aprender e contribuir com conhecimento valioso
- Lazer: tirar um tempo para relaxar e aproveitar
- Amado: ser amado por aqueles próximos a mim
- Amoroso: dar amor aos outros
- Maestria: ser competente em minhas atividades cotidianas
- Atenção plena: viver consciente e atento ao momento presente
- Moderação: evitar excessos e buscar um meio-termo

- Monogamia: ter um relacionamento próximo e amoroso
- Não conformidade: questionar e desafiar autoridade e normas
- Nutrição: cuidar e nutrir os outros
- Abertura: estar aberto a novas experiências, ideias e opções
- Ordem: ter uma vida bem organizada e ordenada
- Paixão: ter sentimentos profundos sobre ideias, atividades e pessoas
- Prazer: sentir-se bem
- Popularidade: ser bem-visto por muitas pessoas
- Poder: ter controle sobre outros
- Propósito: ter sentido e direção na minha vida
- Racionalidade: ser guiado pela razão e lógica
- Realismo: ver e agir de forma realista e prática
- Responsabilidade: tomar e executar decisões responsáveis
- Risco: assumir riscos e chances
- Romance: ter amor intenso e emocionante em minha vida
- Segurança: estar seguro e protegido
- Autoaceitação: aceitar-me como sou
- Autocontrole: ser disciplinado em minhas próprias ações
- Autoestima: sentir-me bem comigo mesmo
- Autoconhecimento: ter uma compreensão profunda e honesta de mim mesmo
- Disposição: estar a serviço dos outros
- Sexualidade: ter uma vida sexual ativa e satisfatória
- Simplicidade: viver a vida de forma simples, com necessidades mínimas
- Solitude: ter um tempo e espaço onde posso ficar separado dos outros
- Espiritualidade: crescer e amadurecer espiritualmente
- Estabilidade: ter uma vida que permanece relativamente consistente
- Tolerância: aceitar e respeitar aqueles que diferem de mim
- Tradição: seguir padrões respeitados no passado

- Virtude: viver uma vida moralmente pura e excelente
- Riqueza: ter bastante dinheiro
- Paz mundial: trabalhar para promover a paz no mundo

2. Coloque os valores acima, incluindo aqueles que você eventualmente adicionou, nestas três categorias:

- Muito importante para mim
- Importante para mim
- Não é importante para mim

Tente tomar essas decisões sem pensar nas expectativas que outras pessoas ou a sociedade possam ter de você. Além disso, tenha em mente que nenhum valor é intrinsecamente mais valioso do que os outros. Seus valores mais altos são os mais baixos de outra pessoa, e vice-versa. Os valores são algo muito pessoal, então faça o possível para manter o julgamento fora desse processo.

3. Da categoria "Muito importante", escolha cinco valores que são *os mais* importantes para você.

Ao revisar seu passado, provavelmente você notará que as boas decisões que tomou estavam alinhadas com seus valores essenciais muito importantes e que as escolhas das quais se arrepende não estavam. Sabendo desses valores, você pode intencionalmente mantê-los em destaque e garantir que suas decisões e ações estejam alinhadas com eles. Esses princípios são todos sobre o que você mais valoriza. Eles não devem refletir as expectativas de ninguém além de você.

4. Faça um *ranking* dos valores mais importantes, sendo o número um o mais importante.

Nem todos podem classificar claramente os cinco principais valores, então, se estiver com dificuldades, considere como sua lista ficaria se você tivesse que classificá-los. Ao pensar em como priorizar seus valores, tenha em mente que os mais importantes são aqueles que motivam suas ações. Eles servem como uma bússola moral que aponta para o que é essencial ou importante para você. Ao selecionar seus principais valores, lembre-se de que nenhum valor é intrinsecamente mais valioso do que os outros.

Se você achar este exercício desafiador, não precisa terminá-lo em um dia. Dê a si mesmo o presente da reflexão, pense sobre isso e tente finalizá-lo no dia seguinte. Lembre-se de que não há respostas erradas, e talvez você tenha um "empate" no *ranking*. O objetivo do exercício é aumentar a autoconsciência, então, se o exercício fez você pensar, ele alcançou seu objetivo.

Celeste era uma sabotadora contumaz de si mesma porque acreditava que seus valores fundamentais — conquista, desafio e diligência — não eram apenas os *certos* para ela, mas também deveriam ser para todos. No entanto, ao avaliar seu comportamento à luz dos valores de seus colegas de equipe, foi obrigada a reconhecer que, na verdade, era ela quem estava aquém. Essa percepção, somada à nova consciência de que cultivar melhores relacionamentos poderia impulsionar sua carreira, finalmente a convenceu da necessidade de mudar.

Ela começou, então, o exercício de ver as situações sob a ótica dos valores de seus colegas e a considerar com mais empatia os pontos de vista alheios. O processo não foi fácil — e Celeste ainda enfrenta dificuldades —, mas, agora que entende que fortalecer seus vínculos interpessoais é essencial para seu próprio sucesso, está disposta a fazer o necessário.

Conhecer a hierarquia dos próprios valores é um instrumento valioso na tomada de decisões difíceis, pois proporciona clareza sobre o que realmente importa. Suponhamos, por exemplo, que a empresa ofereça ao seu departamento uma oportunidade excepcional, com potencial para alavancar sua carreira e acompanhada de um significativo aumento salarial — mas, para isso, você precisaria se mudar para outra cidade ou estado.

Se seus valores mais elevados forem autonomia, comprometimento e família, você talvez aceite a proposta. Isso porque o crescimento profissional pode estar alinhado com seu desejo de independência, e o comprometimento com a equipe e a empresa pode motivá-lo a continuar envolvido com um projeto ao qual já se dedicou. A valorização da família, por sua vez, pode levar você a considerar a possibilidade de levá-los consigo ou visitá-los com frequência.

Por outro lado, se seus valores fundamentais forem contribuição, dever e amizade, a decisão pode ser outra. Você talvez opte por permanecer onde está, por sentir que ainda pode oferecer uma contribuição significativa no seu contexto atual. Se o senso de dever for forte, pode se sentir responsável por estar próximo de pais idosos ou filhos adultos. E, caso a amizade seja um valor central, talvez lhe pareça impensável reconstruir, em outro lugar, a rede de apoio e convivência que já construiu com tanto afeto. O tempo de qualidade com amigos pode, para você, ter mais valor do que qualquer cargo ou remuneração.

Esses dois cenários ilustram como nossos valores pessoais orientam nossas decisões — e, sobretudo, mostram que aquilo que é certo para uma pessoa pode ser totalmente inadequado para outra.

EXERCITE SUA LIBERDADE DE ESCOLHA

O psiquiatra existencialista norte-americano Irvin Yalom afirma que a liberdade é uma das quatro grandes angústias existenciais do ser humano, ao lado da morte, do vazio de significado e do isolamento. A razão pela qual a liberdade nos inquieta é simples: se acreditamos que temos livre-arbítrio e autonomia plena para escolher nossos caminhos, então também somos inteiramente responsáveis pelas consequências que produzimos. Paradoxalmente, portanto, a liberdade pode ser ao mesmo tempo libertadora e onerosa. Ela nos empodera, nos entusiasma, nos coloca como autores e gestores da própria vida — mas também nos pesa como um fardo.

"Estar ciente da responsabilidade é estar ciente de que se está criando a si mesmo, o próprio destino, as circunstâncias da própria vida, os próprios sentimentos e, se for o caso, o próprio sofrimento", diz Yalom[17].

Embora a liberdade possa ser uma lâmina de dois gumes, quando exercida com consciência e clareza de propósito, ela tem o poder de transformar não apenas quem somos, mas também a qualidade de nossos relacionamentos e o futuro que construímos. Porém, como tudo que exige excelência, aprender a lidar com a liberdade requer prática — e pode ser desafiador. Assumir sua liberdade significa, muitas vezes, tomar decisões difíceis, como se afastar de relações que comprometem o futuro que você deseja construir.

Se há pessoas em sua "aldeia" que despertam o que há de pior em você, é pouco provável que estejam contribuindo para o impacto duradouro que você deseja causar. Ainda assim, observar como você reage a essas pessoas pode ajudá-lo a identificar seus próprios gatilhos emocionais — e esse é um dado precioso.

No Capítulo 7, apresentarei ferramentas para ajudar a discernir quais relações podem estar lhe fazendo mal e se seria o caso de se distanciar delas. Por ora, porém, proponho o seguinte: se há alguém que costuma provocar reações negativas em você, tente tratá-lo como sua melhor versão o faria — independentemente de como essa pessoa se comporta ou se você acha que ela merece esse tratamento. Agir assim é uma das expressões mais potentes da liberdade interior.

Considere este exemplo: Rachel é uma advogada de sucesso, prestes a se tornar sócia em um renomado escritório. Respeitada

17 YALOM, I. D. *Existential psychotherapy*. United States: Basic Books, 1980.

pelos colegas e bem-vista na comunidade jurídica, sua postura muda radicalmente quando visita os pais — ela volta a se sentir como uma adolescente insegura.

"Eles sabem exatamente como me tirar do sério", disse ela. "Queriam que eu trabalhasse na empresa da família, como meu irmão. Quando passei no exame da ordem, em vez de me parabenizar, meu pai disse que eu tinha me vendido por pouco." Ela suspirou e balançou a cabeça. "Não entendo por que continuo obcecada em agradá-los. Depois de tantos anos, eu já deveria ter desistido."

No ambiente profissional, Rachel é segura e carismática; com os pais, porém, torna-se defensiva e reativa. Sente-se uma adolescente — e age como tal: cínica, sarcástica, até zombando da mãe, o que a envergonha profundamente.

"Se as pessoas do trabalho vissem como eu ajo com meus pais, duvidariam que sou a mesma pessoa", confessou.

O que Rachel não percebia é que ela tinha liberdade para alterar a dinâmica do relacionamento, independentemente da conduta dos pais. Em vez de tentar mudá-los, podia transformar sua própria interpretação e reação.

"Se eles te criticarem", sugeri, "em vez de levar para o lado pessoal e se defender, deixe entrar por um ouvido e sair pelo outro. E, se quiser tornar a situação mais leve, encontre algo engraçado nisso. Quando alguém fecha meu irmão no trânsito, ele acena e diz: 'Eu te perdoo!' ou 'De nada!'."

Rachel riu.

"Isso já seria uma melhora, com certeza."

Você tem a liberdade de escolher como vai se comportar. Então, se alguém o irrita, tente fazer um exercício de gratidão em vez de se afundar em ressentimentos ou fantasias de vingança. Comece lembrando algumas atitudes positivas que essa pessoa teve com você ou com outras pessoas. Continue nesse esforço até encontrar algo pelo qual possa ser genuinamente grato. Se isso parecer impossível, pense nas formas pelas quais essa convivência está impulsionando seu crescimento pessoal. Talvez ela esteja lhe ensinando a ser mais paciente, resiliente ou tolerante.

Reconheço que escolher ser grato a alguém que parece agir como um idiota pode soar absurdo. No entanto, ao mudar sua mentalidade, você se torna menos reativo. Isso reduz conflitos e permite que sua energia seja canalizada para algo mais produtivo. Se você se identifica como uma pessoa gentil, então aja com gentileza — não importa como os outros se comportem. Tratar com dignidade aqueles que despertam o pior em você da mesma forma como trata os que despertam o seu melhor é um tipo de consistência ética que vale a pena cultivar.

Dito isso, quanto mais você se cercar de pessoas que fazem aflorar o seu melhor, mais rápido poderá avançar rumo à sua definição pessoal de sucesso. Use, portanto, sua liberdade para construir intencionalmente um entorno afetivo que o inspire a ser, cada vez mais, a sua melhor versão.

Exercício: quem está em sua aldeia?

Consulte sua lista de relacionamentos no Capítulo 3. Pense sobre como você apareceu nesses relacionamentos e responda as seguintes perguntas:

1. Quem traz o melhor em mim?
2. Quem me faz ficar mais confortável e me inspira?
3. Quem traz à tona o pior em mim?
4. O que eles dizem ou fazem que aciona meus gatilhos?

Minha "aldeia" é formada pela minha família e por todos os amigos extraordinariamente solidários e inspiradores que tenho a sorte de ter por perto. Além de compartilharmos alguns valores fundamentais, essas pessoas são gentis, pacientes, generosas, cooperativas e corajosas. Encorajamo-nos mutuamente a crescer, a agir com mais consciência, a nos envolver ativamente nas mudanças que queremos ver no mundo e a mantermos consistência em relação ao nosso próprio progresso.

Quando você se cerca de pessoas assim, sua motivação para crescer e transformar a própria vida em algo mais significativo torna-se constante e renovada.

É comum que meus novos clientes digam algo como: "Se ao menos minha esposa (ou meu marido, meus pais, meus filhos, meus colegas de trabalho, meu chefe etc.) mudasse...". Meu trabalho é ajudá-los a perceber que, ao atribuírem a responsabilidade ao outro, estão abrindo mão da liberdade de escolher como responder à situação e de como seguir em frente.

Quando Rachel percebeu que tinha a liberdade de focar a gratidão que sentia pelos pais, em vez de se concentrar nas críticas que recebia deles, algo mudou profundamente. Ela deixou de se colocar na defensiva. Mas o que mais a tocou foi compreender que poderia transformar a relação sem precisar mudar os próprios pais.

"Quando caiu a ficha de que eu tenho a liberdade de ser quem sou e posso escolher ser grata pelo que eles são, todo o nosso relacionamento mudou", disse ela, sorrindo em seguida. "Agora eu até gosto de ir para casa."

Quando enfrentamos dificuldades em um relacionamento, tendemos a enxergar a situação de três maneiras recorrentes: a primeira é acreditar que a outra pessoa é a principal responsável pelos problemas; a segunda é acreditar que *nós* somos os principais responsáveis; e a terceira é pensar que um relacionamento só pode mudar se ambas as partes estiverem dispostas a mudar. Nenhuma dessas premissas, no entanto, é necessariamente verdadeira.

A verdade é que temos a liberdade — e o poder — de melhorar a qualidade dos nossos relacionamentos reformulando nossa perspectiva sobre os conflitos e ajustando nossa mentalidade. A outra pessoa não precisa mudar, nem mesmo saber que estamos trabalhando ativamente na relação.

Assim como Celeste e Rachel, todos nós temos a liberdade de fortalecer nossos vínculos afetivos ao reconhecer e honrar os valores dos outros, sem trair ou comprometer os nossos próprios.

CAPÍTULO 5

VOCÊ PODE MELHORAR SUAS HABILIDADES DE COMUNICAÇÃO

Bella fazia jus ao nome. Era fácil entender como a artista italiana, intensa e passional, com seus cabelos escuros e sorriso contagiante, havia conquistado — e mantido — a atenção de Trevor. O conto de fadas começou com um encontro casual no museu Palazzo Ducale, em Veneza. Antes que ele voltasse a Nova York, já haviam declarado seu amor em uma gôndola no Grande Canal.

Alguns meses depois, Bella se mudou para a casa de Trevor. Ele era gerente de contas em uma agência de publicidade e não podia se transferir para a Itália, mas ela, artista autônoma, podia viver em qualquer lugar. Seguiu-se um noivado breve, um pequeno casamento e, dois anos depois, o nascimento do filho do casal.

"Os primeiros anos foram surreais", disse Trevor. "Eu me sentia o cara mais sortudo do mundo."

No entanto, pouco depois do nascimento de Mario, as discussões começaram.

"Era como se tivéssemos começado a falar línguas diferentes, ou algo assim. Não importava o que eu dissesse, ela interpretava como crítica."

Aos olhos de Trevor, Bella era o problema. Mas, ao conversar com ela, a narrativa ganhou novos contornos.

"Antes de o Mario nascer, Trevor era meu maior fã", contou Bella. "Sempre me elogiava, dizia o quanto eu era criativa. Mas, juro, no dia em que Mario nasceu, ele mudou. De repente passou a dizer coisas como: 'Você tem certeza de que esse leite em pó é o melhor?' ou 'Já não está na hora da soneca dele?'. Ontem à noite, enquanto eu dava banho no Mario, Trevor entrou no banheiro e teve a audácia de dizer: 'Essa banheira não está muito cheia?'", completou com um sorrisinho irônico. "Tenho dado banho no Mario há um ano, e até agora não houve um único afogamento."

Se quisessem salvar o casamento, Bella e Trevor teriam que assumir a responsabilidade pela própria parte no relacionamento. Mesmo que o outro não mude, fortalecer o próprio lado é uma oportunidade de praticar ser a melhor versão de si mesmo. Comportar-se com elegância e maturidade diante de provocações desenvolve resiliência emocional. É claro que também se pode optar por insistir para que o outro mude, mas, sejamos honestos: quantas vezes isso realmente funciona?

Quando Mario completou 4 anos, o casal ainda acreditava que seus problemas se resolveriam assim que o outro mudasse. Voltaram à terapia porque suas discussões constantes estavam afetando o menino. Durante uma das sessões por vídeo, Bella estava estranhamente silenciosa e Trevor parecia não dormir havia dias. Ele explicou que estava trabalhando longas horas em uma grande campanha publicitária, Bella se preparava para uma nova exposição, e Mario, de repente, começara a ter crises ao ser deixado na creche.

"Ele gostava da creche", disse Trevor. "Mas agora, quando chegamos ao estacionamento, ele começa a chorar e diz que quer ir para a casa da Nonni, a mãe da Bella."

Ao final da sessão, ambos reconheceram que tinham responsabilidade pelas tensões e concordaram que havia trabalho a ser feito. Fiquei feliz ao ouvir isso, mas sabia que só isso não bastava para transformar o relacionamento.

"As percepções são um ótimo primeiro passo", expliquei. "Elas abrem possibilidades e nos oferecem novas perguntas. Mas, sozinhas, raramente geram mudanças duradouras."

Eles assentiram, mas não me convenci de que haviam compreendido plenamente a mensagem.

Allen Wheelis, autor de *How People Change* [Como as pessoas mudam, em tradução livre], escreve: "A ilusão mais comum dos pacientes — e, curiosamente, até mesmo de terapeutas experientes — é que a percepção produz mudança; e a decepção mais comum da terapia é que isso não acontece. A percepção é instrumental, muitas vezes essencial no processo, mas não leva diretamente à transformação".

Em outras palavras: identificar o que se quer mudar é apenas o primeiro passo. O que vem depois é fazer com que a mudança aconteça. Quando você compreende que não está condenado a agir sempre da mesma maneira, novas possibilidades se abrem. Esse momento de *insight* — o famoso "aha!" — pode impulsionar ações concretas para garantir que a nova consciência produza efeitos reais.

Quando alguém diz: "Sempre fui assim. É o meu jeito. Estou velho demais para mudar", pode parecer que está optando por ficar preso ao que é familiar. Talvez esteja. Mas também é possível que essa pessoa simplesmente acredite não ter liberdade para mudar ou que não está à altura do desafio. Se esse for o seu caso, encorajo você a experimentar. Só assim poderá descobrir, na prática, que a mudança e o crescimento são possíveis.

Para ser digno de uma aldeia forte — uma comunidade de apoio, vínculos afetivos e reciprocidade —, é preciso compreender que liberdade e responsabilidade estão interligadas. Saber que se é livre para mudar, e mesmo assim optar por não melhorar, é, no fundo, decidir não oferecer sua melhor versão às pessoas ao seu redor — e correr o risco de perder os frutos desses laços fortes.

Por outro lado, quem se dispõe a crescer aumenta significativamente suas chances de causar um impacto duradouro. Relações saudáveis se constroem com cooperação, resolução de conflitos, disposição para oferecer e pedir ajuda. Ter ou não essas habilidades depende, em grande parte, da capacidade de escutar ativamente e se comunicar com clareza. Afinal, essas são as competências que sustentam todas as outras.

Pode parecer apenas bom senso, mas está longe de ser prática comum. Como disse o dramaturgo George Bernard Shaw: "O maior problema da comunicação é a ilusão de que ela ocorreu".

Compartilhei tudo isso com Trevor e Bella. Embora tivessem compreendido racionalmente, as imagens negativas que haviam construído um do outro estavam tão cristalizadas que, não importava o que um dissesse ou fizesse, o outro se sentia ofendido. Em vez de trabalharem na qualidade da comunicação, agiam como adolescentes em crise: gritavam, batiam portas, trocavam ofensas.

Foi uma pena. Porque, sim, as pessoas *são* capazes de mudar — mas é preciso agir para que isso aconteça.

Você já deve ter notado: quando um relacionamento está bem, a comunicação flui. Você entende o que o outro diz e, quando não entende, sente-se à vontade para pedir esclarecimentos. Mas, quando há tensão ou conflito, a comunicação se torna mais difícil. O risco é maior; e a capacidade de negociar, mais limitada. E como desentendimentos são parte inevitável da vida, aprender a atravessá-los é uma habilidade valiosa.

Quando eu ministrava cursos para pais divorciados, buscando minimizar o impacto da separação sobre os filhos, aprendi uma lição simples, mas poderosa: pessoas razoáveis discordam de uma quantidade razoável de coisas uma quantidade razoável de vezes. O que determina se uma discordância levará a uma compreensão maior ou a um conflito destrutivo é *como* ela é abordada.

Se conseguimos resolver, encontrar um meio-termo ou mesmo concordar em discordar com respeito, acumulamos crédito emocional no relacionamento. Caso contrário, geramos um débito. E se essa "conta bancária" estiver no vermelho, qualquer tentativa de conexão — por mais bem-intencionada que seja — pode ser mal interpretada e virar combustível para novas tensões.

Por isso, insisto sempre: não há como construir relações fortes sem uma comunicação sólida. Existem muitas habilidades envolvidas nisso, mas tudo começa com ouvir bem e se expressar com clareza.

ESCUTE COM TODA A ATENÇÃO

Levou cerca de um ano, mas, quando Mario entrou no jardim de infância, Trevor e Bella finalmente aprenderam a parar de se interromper. No entanto, ainda não tinham aprendido a ouvir ativamente. Mantinham a boca fechada enquanto o outro falava, mas não prestavam real atenção ao que era dito; apenas esperavam o momento de apresentar seu próprio ponto de vista ou contra-argumentar. Era exaustivo. Não é de se admirar que Mario preferisse ir para a casa da Nonni. Trinta minutos na sessão deles e eu também queria ir para a casa da Nonni.

Rubem Alves — teólogo, filósofo, educador, escritor e psicanalista brasileiro — dizia que ficar em silêncio enquanto alguém fala não é o mesmo que escutar, especialmente se estivermos ocupados pensando no que vamos dizer a seguir ou apenas esperando a nossa vez de falar. Ele chamava isso de "tempo de espera", como quem diz: "Estou esperando essa pessoa parar de falar para que eu possa dizer *a verdade* — o meu ponto de vista". Ouvir de verdade exige humildade: a disposição sincera de considerar perspectivas e "verdades" diferentes das nossas.

E se, em vez de apenas aguardar sua vez de falar, você oferecesse à outra pessoa sua atenção plena e a escutasse com genuína curiosidade? Quando ouvimos para aprender, fazemos perguntas sensatas e refletimos com cuidado sobre as respostas. Alves afirmava que, ao ouvir com atenção e levar a sério o que o outro diz, permanecemos em silêncio por um tempo após a fala, permitindo-nos digerir o que foi dito — sobretudo se aquilo nos parece diferente ou estranho. Para ele, uma resposta imediata é um indicativo de que "não preciso te ouvir. Basta ouvir a mim mesmo. Não vou perder tempo pensando no que você disse. Se o que você disse não é o que eu diria, então está errado".

Quase todos os dias, algum cliente desabafa: "É como se ele nem me escutasse". Ou: "Quantas vezes preciso repetir isso para ela entender?". Ou ainda: "Estou apenas desperdiçando o fôlego". Se fosse possível fortalecer apenas uma habilidade comunicativa, tornar-se um ouvinte melhor seria a escolha mais eficaz.

Tania Israel, professora de psicologia e autora do livro *Beyond Your Bubble* [Além da sua bolha, em tradução livre], observa: "Se você rearranjar as letras da palavra 'ouvir', terá 'silente'[18]". E acrescenta que, ao interromper alguém enquanto ela fala, "você está, na verdade, comunicando que não se importa tanto com o que essa pessoa está dizendo — e isso pode fazer com que ela não queira mais compartilhar nada com você".

Assim como Alves, Israel recomenda que entremos nas conversas com humildade intelectual. Isso significa, segundo ela, "reconhecer que você pode manter suas próprias opiniões e, ainda assim, demonstrar interesse e respeito pelas opiniões do outro".

Se alguém está falando e você já está elaborando mentalmente os motivos pelos quais essa pessoa está errada, será preciso um esforço considerável para permanecer em silêncio. Mas se você realmente abrir a mente para compreender o ponto de vista dela, silenciar-se será mais fácil — e é bem provável que você aprenda alguma coisa. Nessa perspectiva, o silêncio deixa de ser um peso para tornar-se um estímulo intelectual. Encare-o como o presente que ele é. O mantra do ouvinte ativo é simples: "Mente aberta, boca fechada".

Para ser um ouvinte ativo, pratique:

- Dedicar sua total atenção para a pessoa que está falando (sim, isso significa nada de celular, nada de pensamentos paralelos em sua mente ou de se abstrair).
- Assentir em silêncio para que saibam que você está ouvindo.
- Prestar atenção nas palavras, linguagem corporal e expressões faciais da pessoa.
- Tentar entender o que a pessoa está dizendo do ponto de vista dela.
- Pensar sobre o que ela disse depois que terminar de falar e fazer perguntas para melhorar seu entendimento.

---

18 N.T.: Os termos em inglês, *listen* e *silent*, são formados pelas mesmas letras.

OUÇA PARA APRENDER

Ouvir com curiosidade nos oferece a chance de aprender algo novo e torna as conversas muito mais interessantes e agradáveis do que tentar convencer alguém de que a nossa opinião é a única correta. Quando nos aproximamos dos diálogos com essa postura, não há nada a perder — e muito a ganhar. A curiosidade abre nossa mente e nos torna receptivos a novas formas de pensar. Ela também nos permite cultivar relacionamentos significativos com pessoas com as quais não necessariamente concordamos.

Um exemplo notável desse tipo de relação foi a amizade estreita entre dois juízes da Suprema Corte dos Estados Unidos com visões ideológicas opostas. Ruth Bader Ginsburg, apelidada de "Notória RBG", era conhecida por sua postura liberal; já Antonin Scalia era tão conservador quanto Ginsburg era progressista. Ainda assim, em vez de se distanciarem, aprofundaram a compreensão mútua ao longo de anos de debate jurídico. Suas divergências, que não eram poucas, jamais comprometeram a integridade da amizade.

Durante o funeral de Scalia, Ginsburg contou uma história que ilustrava essa dinâmica. Ela relatou como ele a ajudou a fortalecer seu argumento contrário à posição dele, segundo a qual a recusa do Instituto Militar da Virgínia em aceitar mulheres era constitucional. "O parecer dele era uma provocação", contou Ginsburg, "repleto de notas de rodapé desdenhosas". Em vez de se ofender, ela agradeceu: "Meu rascunho final foi bastante melhorado graças à crítica severa do magistrado Scalia". Ao longo de quase quarenta anos de convivência profissional, eles discordaram mais do que concordaram — mas, mesmo em seus embates mais intensos, nunca houve ataques pessoais. Consideravam o desacordo parte natural da vida intelectual. Imagine o quanto poderíamos avançar, como sociedade, se deixássemos de polarizar e buscássemos esse tipo de troca genuína. Afinal, quando todos concordam, ninguém aprende nada. Como disse o dramaturgo brasileiro Nelson Rodrigues: "Toda unanimidade é burra!".

Afinal, sua forma de pensar ou agir é apenas uma entre muitas. Não há desvantagem em considerar outras perspectivas — ao contrário, há ganhos substanciais. Quando alguém discorda de você, isso pode ser uma oportunidade valiosa para revisar suas convicções. Talvez você aprenda algo que o leve a mudar de opinião. Talvez aprenda algo que apenas reforce sua posição. Em ambos os casos, você sai enriquecido. Em vez de se cercar apenas de quem pensa como você, permita-se crescer cultivando uma amizade com sua própria versão de Ginsburg ou Scalia.

Pude experimentar, em primeira mão, o poder transformador da curiosidade durante minha formação como psicoterapeuta. Assisti a uma entrevista gravada entre uma terapeuta e um homem acusado de violência doméstica. Minha reação imediata foi de julgamento: "Esse cara é um idiota por bater em mulheres. Eu teria dificuldade em atender alguém assim". Mas a terapeuta, ao contrário de mim, não demonstrou qualquer atitude negativa. Ela parecia genuinamente interessada em compreender, a partir do ponto de vista dele, por que ele acreditava ser aceitável agredir sua esposa.

Fez perguntas cuidadosas e não ameaçadoras sobre o relacionamento do casal, e o cliente — a quem chamarei de A. J. — começou a falar sobre o fato de sua esposa ter voltado à faculdade. Aos poucos, tornou-se evidente que ele se sentia inseguro diante da autonomia crescente dela. Ainda assim, eu permanecia irritada, pensando que ele não tinha o direito de reprimir ou agredir a companheira. Eu não estava curiosa — estava julgando. E julgar é o que costumamos fazer quando não estamos curiosos. Quando, ao contrário, abrimos espaço para a escuta, fazemos perguntas que nos ajudam a enxergar o mundo a partir da perspectiva do outro.

A terapeuta, com sensibilidade, mantinha o foco no "porquê" do comportamento de A. J. — e, à medida que suas perguntas se sucediam, ele começou a se revelar como um ser humano complexo. O homem que eu julgava apenas como agressor mostrava-se agora como alguém inseguro e assustado. Ele não sabia lidar com o fato de que sua esposa era mais instruída do que ele. Por fim, confessou que tinha medo de que ela conhecesse alguém na escola mais interessante e o deixasse.

Isso, é claro, não justificava a violência. Mas, ao compreender sua perspectiva, deixei de vê-lo como um monstro e passei a enxergá-lo como um ser humano repleto de inseguranças não elaboradas. Comecei a entender o seu "porquê" — e isso é essencial. Compreender os motivos de um comportamento não o justifica, mas torna possível transformá-lo. Antes da terapia, A. J. não sabia por que agredia a esposa. Quando a terapeuta o ajudou a compreender a raiz de sua violência, ele expressou o desejo de mudar e se comprometeu a continuar o processo terapêutico para aprender como fazê-lo. A percepção, por si só, não gera mudança — mas pode despertar o desejo de mudar e, assim, nos impulsionar à ação.

A. J. precisava aprender a lidar com o medo e a raiva, mas, para isso, era fundamental que desenvolvesse uma autoestima mais sólida e se tornasse mais seguro de si e do relacionamento. Entender a motivação por trás de um comportamento não significa justificá-lo — mas é impossível manter vínculos autênticos se nos apressarmos a julgar sem tentar compreender.

Compreender o "porquê" é fundamental para sustentar relacionamentos. Por que seu colega de trabalho é a favor ou contra as vacinas? Por que seu tio defende ou rejeita o controle de armas? Por que seu vizinho apoia ou repudia o aborto? Tente entender o raciocínio deles. Entender não é o mesmo que concordar. Significa apenas que você consegue ver o mundo com os olhos do outro. E isso pode lhe permitir formar opiniões mais fundamentadas — ou, ao menos, moderar posições radicais. Quando contemplamos uma questão a partir de múltiplas perspectivas, é menos provável que permaneçamos presos a visões extremas.

COMUNIQUE-SE COM PROPÓSITO

"Quando Bella coloca as mãos na cintura, até o cachorro se esconde", disse Trevor.

Enquanto isso, Bella reclamava do tom de voz dele:

"Não é o que ele diz, é como ele diz".

As palavras representam apenas uma parte da comunicação. A linguagem corporal e o tom de voz também transmitem mensagens — e podem tanto atrair quanto afastar seu público, independentemente do conteúdo verbal. Seja esse público composto por seus filhos, amigos ou uma sala cheia de desconhecidos, a maneira como você se apresenta influencia diretamente a forma como sua mensagem é percebida e recebida.

Gestos como colocar as mãos na cintura, cruzar os braços, inclinar-se para a frente ou para trás, além de variações no tom de voz, são formas de comunicação não verbal. Por exemplo, se sua chefe franze a testa ao dizer "Quem teve essa ideia?", é provável que pareça desaprovar a sugestão. Mas, se ela sorri ao fazer a mesma pergunta, a interpretação muda completamente.

Uma expressão zangada ou ameaçadora tende a deixar os ouvintes desconfortáveis e na defensiva. Um sorriso irônico, por sua vez, pode soar como arrogância. E se você estiver curvado e suspirando, as pessoas presumirão que está entediado ou cansado. Tudo o que você faz comunica algo — por isso, é essencial estar atento ao que seu corpo e sua voz estão dizendo, para não sabotar a clareza da sua intenção.

Pesquisadores vêm estudando os efeitos da comunicação não verbal desde os anos 1950. Um dos estudos mais conhecidos foi conduzido na década de 1960 por Albert Mehrabian, professor emérito de psicologia da Universidade da Califórnia em Los Angeles (UCLA). Ele demonstrou que, ao escutarmos alguém, 55% do que captamos se baseia em sinais visuais, 38% em aspectos vocais (como o tom de voz) e apenas 7% nas palavras propriamente ditas[19].

---

19 MEHRABIAN, A.; WIENER, M. Decoding of inconsistent communications. *Journal of Personality and Social Psychology*, v. 6, n. 1, p. 109-114, 1967.

O estudo focava em situações em que havia contradição entre as palavras e as expressões faciais. Nesses casos, os ouvintes tendiam a acreditar mais nas expressões do que no conteúdo verbal. Em outras palavras: se alguém diz "sim" balançando negativamente a cabeça, a maioria presumirá que a resposta verdadeira é "não"[20].

Essa conclusão ficou conhecida como a "fórmula de Mehrabian" e, mais tarde, foi alvo de críticas por ser aplicada de maneira generalizada a todas as situações comunicativas. Em contextos autocráticos, por exemplo, pessoas em posição subordinada costumam obedecer ao que é dito verbalmente, mesmo que a linguagem corporal do líder contradiga suas palavras. No entanto, em ambientes democráticos — especialmente quando o diálogo é emocionalmente carregado — a fórmula tende a se confirmar. Nessas circunstâncias, há uma necessidade mais intensa de comunicar-se com clareza e ser compreendido de modo autêntico.

Apesar das críticas, o trabalho de Mehrabian foi pioneiro ao demonstrar a importância dominante da comunicação não verbal na expressão dos sentimentos. Atualmente, há um consenso entre os estudiosos de que mais de 70% de toda a comunicação humana ocorre por meios não verbais.

Atualizações não verbais para praticar

Mantenha uma postura e expressão facial não ameaçadoras

Se você cruza os braços, coloca as mãos ou os punhos na cintura, evita o contato visual ou invade o espaço pessoal de alguém, é provável que essa pessoa o perceba como alguém defensivo, confrontador, desonesto ou agressivo. Caso sua expressão pareça de reprovação ou você franza a testa enquanto alguém fala, a tendência é que essa pessoa interprete sua atitude como negativa, ainda que, na realidade,

20 MEHRABIAN, Albert. *Silent messages*. Belmont: Wadsworth Publishing, 1971.

você esteja de acordo com o que ela diz. A famosa "cara amarrada" não é exclusividade feminina — muitos homens também exibem uma expressão permanentemente sisuda. E, em ambos os casos, muitas vezes a própria pessoa sequer desconfia de que os outros a veem como irritada ou mal-humorada.

Se você suspeita que tem uma expressão fechada quando está em repouso, peça a opinião de um amigo de confiança, alguém que seja realmente honesto com você. Caso ele confirme sua impressão, experimente fazer um esforço consciente para manter uma expressão mais acolhedora, com um leve sorriso no rosto.

Enquanto conduzia pesquisas na Universidade da Carolina do Norte em Chapel Hill, o doutor em psicologia social Neil Hester descobriu que inferimos os sentimentos dos outros com base em suas expressões faciais. Ele afirma: "Os seres humanos formam automaticamente primeiras impressões a partir da aparência dos outros, incluindo a percepção de seus estados emocionais. Mesmo quando as expressões estão neutras — em repouso —, ainda assim as pessoas inferem alguma emoção[21].

Manter um rosto em repouso mais agradável, de modo a não parecer antipático ou inacessível, tornou-se tão valorizado que muitas pessoas têm recorrido a cirurgias plásticas e outros procedimentos estéticos para suavizar a fisionomia. No entanto, a maioria pode resolver esse problema por meios bem mais simples: ajustando voluntariamente os músculos do rosto. Não se trata de adotar um sorriso falso e constante — isso seria artificial e até inquietante —, mas sim de observar conscientemente sua expressão ao longo do dia e aplicar uma leve tensão nos lábios, de modo que se curvem suavemente para cima. A diferença na forma como as pessoas reagem a você pode ser surpreendente.

---

21 HESTER, N. Perceived negative emotion in neutral faces: gender-dependent effects on attractiveness and threat. *American Psychological Association*, v. 19, n. 8, p. 1490-1494, 2019. Disponível em: https://psycnet.apa.org/doiLanding?doi=10.1037%2Femo0000525. Acesso em: 24 abr. 2024.

Concentre-se e permaneça quieto

Quando você está emocionalmente centrado e fisicamente quieto, exerce uma influência sobre as pessoas ao seu redor para que se acalmem. Se observar os outros, perceberá que líderes eficazes com frequência demonstram esses comportamentos, assim como pais eficazes. Mexer-se nervosamente, bater os dedos, verificar suas mensagens e ficar mudando de posição são comportamentos associados à ansiedade ou ao tédio. Se isso é algo com que você tem dificuldade, considere a prática de ioga, meditação ou atividades físicas para dissipar o excesso de energia.

Faça uma passagem de som

Eu vinha trabalhando com Trevor e Bella para que ajustassem o tom de voz e fossem mais respeitosos um com o outro. No entanto, Bella ainda enfrentava dificuldades em mudar. O sarcasmo e o hábito de elevar a voz pareciam naturais para ela, e Trevor não conseguia interpretar com precisão suas variações vocais — ao contrário da linguagem corporal, que ele compreendia com mais facilidade.

"Estou cansado desses joguinhos mentais", disse Trevor. "Perguntei à Bella se ela se importaria que eu fosse para Atlantic City por alguns dias, e ela respondeu, com estas palavras: 'Se é isso que você quer fazer, tudo bem'. Mas, quando voltei para casa, encontrei um bilhete na geladeira dizendo: 'Levei o Mario para a casa da mamãe por alguns dias' — como se a casa da mãe dela ficasse do outro lado da cidade! Que tipo de mulher vingativa leva o filho para outro país sem avisar o próprio marido?"

Aprender a escutar as sutilezas da voz de alguém, assim como controlar o modo como a própria voz é percebida, são competências fundamentais na comunicação. Nossas cordas vocais funcionam de modo semelhante a um instrumento de cordas: podemos aprender a modular o tom, a altura, o ritmo e o volume para alinhar a sonoridade da fala à intenção da mensagem.

Se você está transmitindo uma boa notícia, por exemplo, pode comunicar essa emoção também por meio da linguagem corporal e do tom de voz — sorrindo, falando com entusiasmo. Para alguns, isso pode significar um ritmo mais acelerado; para outros, um volume ligeiramente mais alto.

Você provavelmente sabe como soa quando está feliz — e certamente sabe como soa quando está irritado ou frustrado. (Se tiver dúvidas, pergunte aos seus filhos ou ao seu parceiro: eles saberão responder.) Mas e quanto às emoções intermediárias entre alegria e raiva? Como você soa quando deseja demonstrar interesse? E quando está tentando expressar compaixão ou empatia?

Seja o seu próprio engenheiro de som. Observe atentamente as nuances da sua própria voz e ajuste-as para que correspondam, de forma coerente, ao conteúdo que você quer comunicar.

Antes de responder, respire e pense

Deixei este item por último porque, talvez, seja o comportamento mais difícil de cultivar. Respirar fundo e sorrir diante de um elogio é fácil, certo? Mas, quando somos alvo de uma crítica ou de uma expressão de desaprovação, manter a serenidade raramente é nossa reação imediata. A maioria das pessoas tende a reagir de forma impulsiva. Assim que um gatilho emocional é acionado, o corpo começa a dar sinais de desconforto: a respiração se torna mais curta, os batimentos cardíacos aceleram, o raciocínio parece turvo. Esses são indícios de que a parte emocional e reativa do cérebro assumiu o controle, sequestrando a capacidade de pensar com clareza.

Quando isso acontece, a habilidade de resolver problemas, ponderar alternativas e criar respostas construtivas fica seriamente comprometida. É nesse momento que você precisa parar. Parar de falar, controlar a respiração e não tomar nenhuma atitude até que a mente racional reassuma o comando. As decisões tomadas sob o domínio do cérebro emocional costumam ser justamente aquelas das quais mais nos arrependemos — porque, em geral, não foram fruto de reflexão, mas de impulso.

Se você sentir que está sendo tomado por uma onda emocional, pare e se recomponha. Técnicas simples, como respirar lenta e profundamente, ajudam a acalmar o sistema nervoso e a permitir que o pensamento racional volte a operar. Quando estamos calmos, conseguimos identificar melhor nossos gatilhos, compreender a situação com mais clareza e reinterpretar o comportamento do outro. Isso nos dá a oportunidade de escolher uma resposta da qual possamos nos orgulhar.

Também nos lembra que, em certas situações, a melhor resposta pode ser o silêncio. É difícil manter a calma quando alguém diz ou faz algo altamente provocador — mas, com prática, é possível. Você sempre pode responder depois, com mais lucidez, quando já tiver tido tempo para refletir, considerar os possíveis motivos por trás das palavras ou ações da outra pessoa, e elaborar uma resposta que realmente valha a pena ser expressa.

Orientações para conversas difíceis

Preparação

Em algumas situações, improvisar é o melhor caminho, mas uma conversa difícil não é uma delas. Se estiver falando com um amigo e a conversa entrar em águas turbulentas, a preparação significa fazer uma pausa de trinta segundos antes de compartilhar sua opinião ou responder a uma pergunta.

No entanto, se houver algo que você precise conversar com alguém e que saiba que pode ser particularmente difícil, comece sua preparação refletindo sobre as diferenças de opinião que podem surgir e tentando ver a situação ou as circunstâncias pelos olhos da outra pessoa. Se conseguir se colocar no lugar dela, ainda melhor. Considere como apresentar seus pontos de vista de maneiras que convidem à discussão, em vez de encerrá-la. Você pode até querer ensaiar o que vai dizer para garantir que expresse claramente o que deseja, por que o deseja e quais podem ser os resultados.

Vamos supor que você esteja no meio de um projeto com um colega de trabalho que não está fazendo a parte dele ou dela. Se você disser "estou cansado de você não fazer sua parte do trabalho", isso provavelmente encerrará a conversa. Mas se disser "gostaria que você contribuísse mais com a sua visão. Você tem tanta experiência com os problemas que estamos tentando resolver que tenho certeza de que teremos um resultado melhor com uma maior contribuição sua", a pessoa não se sentirá atacada. Você está dando a ela o benefício da dúvida, reconhecendo genuinamente sua experiência e convidando-a para contribuir mais. Com essa abordagem, a chance de um resultado positivo é muito maior.

Também é útil fazer uma lista das coisas que a outra pessoa pode fazer ou dizer que podem acionar algum gatilho emocional. E, enquanto estiver fazendo isso, pratique manter a calma para manter sua mente racional no controle.

Seja breve e específico

Podemos passar horas conversando com um amigo ou parceiro sobre os mistérios da vida, os lugares para onde queremos viajar e outros temas agradáveis. Como se sabe, o tempo voa quando estamos nos divertindo. Mas, quando precisamos ter uma conversa que não será agradável, é melhor mantê-la breve.

Se você está conversando com o outro genitor sobre qual escola seu filho deve frequentar, pedindo um aumento, esclarecendo um mal-entendido ou recusando um pedido de alguém, use estratégias que garantam que você transmita seu ponto de vista e mantenha o relacionamento intacto. Uma dessas estratégias é ser breve. Você precisa fornecer contexto, mas não se explique demais nem repita a mesma coisa. Siga esta fórmula:

Declare seu propósito:
Eu quero...
Ofereça sua justificativa:
Eu quero isso porque...
Forneça possíveis resultados:
Eu quero que a gente pare de brigar tanto.

Se encontrarmos uma maneira melhor de resolver nossas diferenças, todos seremos mais felizes.

Por mais que essa fórmula ajude, o mais importante é lembrar que vocês estão na mesma aldeia. É difícil fazer uma diferença positiva quando você não consegue se dar bem com as pessoas ao seu redor.

Reconhecer e entender

Quando Bella levou Mario para Roma para visitar os avós e decidiu não voltar para Nova York, Trevor ficou arrasado. Seu cérebro emocional foi ativado e, em vez de refletir sobre como ainda poderia ser uma presença significativa na vida do filho, ele se fixou na ideia de que Bella era irracional e mal-intencionada.

"Concordamos que construir uma família seria parte do nosso legado, uma forma de trazer mais bondade ao mundo", disse Trevor. "E agora?"

Perguntei se ele acreditava que ainda seria possível educar Mario para que fosse uma influência positiva no mundo, mesmo que ele e Bella estivessem se separando.

"Em teoria, sim", respondeu ele. "Mas não se eu continuar odiando a mãe dele." Ele balançou a cabeça. "Ela é egocêntrica, egoísta, mentirosa, manipuladora... mas o Mario a ama."

Com o tempo, Trevor entendeu que a única forma de manter um vínculo forte com o filho era parar de enxergar Bella como uma vilã.

"Era como se eu tivesse uma tatuagem mental dela que eu não conseguia superar", disse. "Isso me impedia de me aproximar dela — e de ver o Mario."

Essa "tatuagem mental" é uma metáfora poderosa para os julgamentos que fazemos sobre os outros — julgamentos que nos aprisionam e reduzem nossa capacidade de influenciar positivamente. Fazemos uma avaliação, tatuamos essa imagem na mente, e ela se torna fixa, inalterável, a menos que nos empenhemos para mudá-la ou apagá-la. Embora difícil, esse trabalho é possível. Quando conseguimos entender o que a outra pessoa está dizendo ou fazendo, abrimos espaço para mudar nossa perspectiva.

Trevor percebeu que sua tatuagem mental — composta das qualidades negativas que atribuía a Bella — o impedia de enxergar qualquer traço positivo. Então, decidiu fazer um esforço consciente para removê-la. Começou listando dez aspectos que ele sinceramente considerava positivos nela: sua criatividade, independência, inteligência, boa forma física, entre outros. Esse exercício o ajudou a deixar de focar apenas as características que mais o incomodavam. Comprometeu-se também a adicionar uma nova qualidade à lista a cada semana.

Em seguida, aprofundou-se ainda mais, identificando coisas pelas quais era grato a Bella: o fato de ela ser uma mãe presente e amorosa, por exemplo, e de organizar as chamadas de vídeo entre ele e Mario. Quando compartilhou as listas comigo, elogiei seu esforço em encontrar dez qualidades e dez motivos de gratidão. Ele riu.

"Sim, e nem incluí o quanto sou sortudo por ela estar me ensinando a ter mais paciência."

De fato, seus esforços estavam desfazendo aquela antiga tatuagem mental. Mas foi só quando viu Bella defendendo o filho que uma nova imagem começou a se formar.

Mario, agora no primeiro ano escolar, havia entrado para o time de basquete recreativo. Trevor viajou para visitá-lo e assistir a um jogo. No entanto, até o fim do primeiro tempo, Mario ainda não havia sido escalado. Embora Trevor achasse que não lhe cabia questionar o técnico, Bella não hesitou.

"Enquanto as crianças iam para o vestiário, Bella foi tirar satisfação com o treinador por não colocar Mario em quadra", contou Trevor. "Ela falava tão rápido em italiano que eu nem conseguia entender, mas foi constrangedor." Ele sorriu. "Quem faz esse tipo de coisa?"

Durante o intervalo, Trevor não parava de pensar em como ele teria lidado com a situação de maneira diferente.

"Eu teria ficado calado e incentivado o Mario a melhorar, para conquistar a vaga no time sem causar confusão."

Ele também se preocupava que a atitude de Bella pudesse prejudicar o menino. Mas, quando começou o terceiro quarto, Mario estava em quadra.

"O que você disse a ele?", Trevor perguntou a Bella.

Ela deu de ombros.

"Eu disse: 'O que é isso, a NBA? Toda criança merece jogar. O pai do Mario veio de Nova York só para vê-lo, e você vai decepcionar os dois?'."

Depois do jogo, aquela cena se repetia na mente de Trevor — Bella gesticulando e gritando com o treinador, todos na arquibancada olhando, como se o tempo tivesse parado. Mas, pela primeira vez, ele começou a enxergar algo diferente naquilo que antes tanto o irritava.

"A tatuagem do diabo se transformou numa defensora destemida", disse ele. "O temperamento explosivo fazia parte de ser uma mãe apaixonada e cuidadora."

Quando mudamos a tatuagem mental — ou o rótulo — que aplicamos a alguém, abrimos a possibilidade de ver quem essa pessoa realmente é. Para Trevor, essa mudança criou a oportunidade de deixar um legado, embora de um modo diferente do que havia imaginado inicialmente.

Você não pode mudar o outro, e nem sempre conseguirá mudar a situação. Mas pode, sim, mudar a forma como enxerga alguém — e como se comunica com essa pessoa. Ter curiosidade intelectual, humildade e flexibilidade permite apreciar novas perspectivas. Ouvir com atenção e se expressar com clareza faz com que as pessoas à sua volta se sintam respeitadas e valorizadas. Tornar-se um melhor ouvinte e um comunicador mais eficaz trará benefícios a você e fortalecerá todos os seus relacionamentos.

Como diz meu colega Derrick Shirley: "Nada muda se nada mudar".

CAPÍTULO 6

COMO ADOTAR AS MELHORES PRÁTICAS DE RELACIONAMENTO?

Quando Lucas e Maria souberam que a vinha onde suas famílias haviam colhido uvas estava à venda, decidiram comprá-la e transformá-la em uma empresa de comércio justo (*fair trade*). Amigos desde a infância, ambos ocupavam cargos de gerência em empresas bem-sucedidas e se sentiam motivados a aumentar a representatividade hispânica no setor de vinícolas. Compartilhavam o desejo de causar um impacto positivo na indústria e estavam empolgados ao perceber que suas visões estavam tão alinhadas.

No entanto, assim que começaram a contratar funcionários, as divergências surgiram. Lucas queria um ambiente de trabalho mais horizontal, com menos hierarquia, enquanto Maria acreditava firmemente que esse modelo não funcionaria. Não demorou para que percebessem o quanto seus estilos de liderança e gestão eram distintos. E quanto mais cada um insistia no seu "jeito certo" de fazer as coisas, mais tensão se acumulava entre eles.

Quando Lucas percebeu que não conseguiria mudar a opinião de Maria — e que a tensão entre os dois só aumentava —, marcou uma sessão comigo para tentar entender onde tudo havia desandado.

Como a falha na comunicação é frequentemente um fator central nos conflitos, começamos explorando como ele e Maria se expressavam e, sobretudo, o quanto se ouviam de fato.

"Ela não tem problema nenhum em me dizer exatamente o que está pensando, isso é certo", comentou Lucas. "Mas ouvir...", ele deu de ombros, "nisso nós dois não somos muito bons."

Nas primeiras sessões, trabalhamos a escuta com intenção de aprender — e não apenas para refutar ou julgar o que o outro dizia. Quando Maria se sentiu verdadeiramente ouvida, a tensão entre eles diminuiu ligeiramente. À medida que Lucas e eu investigávamos as raízes do conflito, ficou evidente que ambos precisavam aprimorar sua comunicação, tornando-a mais respeitosa e empática.

Mas havia um desafio ainda maior: eles precisavam aprender e aplicar boas práticas de relacionamento. Se conseguissem superar esse obstáculo, estariam não apenas mais próximos de alcançar os objetivos comerciais que os motivaram no início, mas também de preservar uma amizade construída ao longo de toda a vida.

FORME EXPECTATIVAS REALISTAS E FLEXÍVEIS

Quando Lucas e eu começamos a focar as melhores práticas de relacionamento, ele percebeu que a tensão na parceria com Maria vinha, em grande parte, de expectativas divergentes sobre liderança e sobre a maneira de se relacionar com os funcionários. Ambos estavam tão entusiasmados com o novo projeto que simplesmente presumiram estar em plena sintonia quanto à forma de liderar a equipe. Também acreditavam, equivocadamente, que compartilhavam a mesma visão de crescimento a longo prazo.

Seja em um relacionamento profissional, em uma amizade ou em uma relação íntima, é fundamental que as expectativas sejam comunicadas com clareza. É preciso não só expressar o que se espera, mas também escutar e compreender as expectativas da outra pessoa — e, acima de tudo, estar disposto a fazer concessões e ajustes em nome da continuidade e da saúde do vínculo.

Em retrospecto, Lucas admitiu que se sentia ingênuo por ter assumido que Maria lidaria com as relações interpessoais da mesma forma que ele. No entanto, ainda mantinha a convicção de que as coisas deveriam ser feitas à sua maneira. Diante disso, os dois haviam chegado a um impasse — e permaneceriam ali, a menos que um deles tomasse a iniciativa de realmente compreender o ponto de vista do outro.

Expliquei a Lucas que, sem esse esforço de escuta e entendimento mútuo, as chances de alcançar qualquer tipo de acordo com Maria eram mínimas.

A primeira das boas práticas em qualquer relação é agir com a consciência de que o seu modo de ver o mundo é apenas um entre muitos. Muitas de nossas expectativas nascem de valores familiares, normas culturais e narrativas sociais internalizadas, o que torna ainda mais importante revisitá-las de tempos em tempos para avaliar se ainda fazem sentido.

Se você acredita que seu sócio deva se comportar de determinada forma ou adotar certa postura, o primeiro passo é esclarecer a si mesmo por que isso é tão essencial. Se essa expectativa fosse atendida, que resultado você esperaria obter? Ao identificar o objetivo por trás da expectativa, é possível abrir espaço para outras formas de atingi-lo. Essa ampliação de perspectiva permite incluir caminhos alternativos e, ao mesmo tempo, manter o foco no que realmente importa.

Saber quais expectativas são inegociáveis — e quais podem ser flexibilizadas — ajuda a escolher suas batalhas com sabedoria e a buscar soluções criativas e sustentáveis.

Há muita verdade na fórmula:

REALIDADE - EXPECTATIVAS = FELICIDADE

Embora seja natural ter expectativas, quanto menos nos apegamos a elas, mais abertos nos tornamos à variedade, à novidade e às surpresas da vida. O objetivo, portanto, não é eliminar todas as expectativas, mas examinar cuidadosamente aquelas que você carrega e avaliar se estão em sintonia com a pessoa que deseja se tornar.

Idealmente, você acabará com uma lista concisa de expectativas realistas e saudáveis — aquelas que, de modo geral, podem ser compreendidas e atendidas pelos outros. A partir disso, cabe a você comunicar essas expectativas com clareza, em vez de esperar, silenciosamente, que os outros adivinhem o que você quer.

Se um evento importante está se aproximando e você deseja que amigos e familiares celebrem com você, diga-lhes como gostaria que essa celebração acontecesse. Presumir que eles "deveriam saber" o que você espera não é realista — por mais óbvio que possa parecer para você. Nada é realmente óbvio. Você não pode esperar que alguém conheça suas prioridades e desejos sem que você os comunique. É sempre uma surpresa agradável quando alguém acerta, mas será que expressar sua expectativa de forma clara não é mais eficaz do que apenas desejar e esperar?

Quantas vezes você conseguiu o que queria sem ter que pedir explicitamente? Aquilo que parece transparente como vidro para você pode ser opaco como mármore para outra pessoa. Se você espera algo, comunique essa expectativa com antecedência. Dizer depois: "Você devia saber que eu queria trabalhar nesse projeto" ou "Achei que era óbvio que eu queria ganhar joias no nosso aniversário de casamento" não ajuda nem fortalece o relacionamento.

A ideia de que "se eu disser o que quero, perde o valor porque a pessoa não intuiu sozinha" é, na verdade, um equívoco. Se você estiver preparando o terreno para uma frustração dessa forma, pare. Se você tem uma expectativa, diga. Não por meio de insinuações, mas com um pedido direto e claro.

Se espera que seus funcionários ou colegas cheguem pontualmente às reuniões, deixe isso evidente. Se deseja ser considerado para uma vaga de trabalho, manifeste seu interesse. Esperar em silêncio é um convite à decepção.

Compartilhar expectativas é uma das formas mais eficazes de manter relações saudáveis. Mas é importante lembrar: trata-se de uma via de mão dupla. Você comunica o que espera; o outro faz o mesmo.

E, com disposição mútua para ouvir e ajustar, ambos podem encontrar um caminho comum.

Para que isso funcione, comece identificando o que você realmente quer ou precisa. Em seguida, comunique sua expectativa com clareza e esteja aberto ao diálogo e à flexibilidade — como veremos nos exemplos a seguir.

Exemplo 1

1. Você espera que seus funcionários se inspirem pela sua visão de uma empresa neutra em carbono.
2. Você compartilha sua visão com seus funcionários, mas isso não os motiva tanto quanto você esperava.
3. Você descobre que seus funcionários são mais motivados por dinheiro, títulos e elogios, então, para alcançar seu objetivo de se tornar uma empresa neutra em carbono, você ajusta suas expectativas e fornece motivação de uma forma que funcione para eles.

Exemplo 2

1. Você espera fazer uma trilha em Machu Picchu nas férias.
2. Você diz aos seus companheiros de viagem sobre esse desejo enquanto começa o planejamento para a viagem, mas alguns de seus amigos não têm a aptidão física para essa trilha.
3. Você ajusta suas expectativas e, em vez disso, opta por pegar o trem até as ruínas e caminhar apenas a última parte da trilha.

Exemplo 3

1. Você espera que sua sócia reinvista todos os dividendos na empresa nos cinco primeiros anos porque é "óbvio" que isso é necessário para que o negócio cresça.

2. Você compartilha essa expectativa com sua sócia e ela aceita.
3. Sua sócia fica sabendo que está grávida de gêmeos e precisará de mais rendimentos do que esperado, então você muda a fórmula original para que apenas metade dos dividendos sejam reinvestidos nos primeiros cinco anos.

Exemplo 4

1. Você espera continuar vivendo em sua cidade natal, onde sua família e amigos vivem.
2. Antes de se casar, você compartilha essa expectativa com seu parceiro.
3. A empresa de seu parceiro oferece a ele uma grande promoção que envolve mudança de cidade, então você muda sua expectativa original pelo bem do relacionamento.

A habilidade de ajustar expectativas é essencial nos relacionamentos, porque é inevitável que haja surpresas, tanto boas quanto ruins, ao longo do tempo.

ATÉ A CONFIANÇA PODE SER SUBJETIVA

Quando Maria compreendeu que Lucas desejava administrar a empresa com base em uma abordagem centrada nas pessoas — como forma de reparar as injustiças vividas por seus pais e inaugurar um novo modelo de negócio para vinícolas bem-sucedidas —, ela deixou de insistir que apenas seu modo de agir era válido e passou a colaborar com ele na busca por soluções em que ambos acreditassem. Ainda assim, Lucas tinha dificuldade em aceitar a tendência de Maria a presumir o pior sempre que alguém cometia um erro.

"Ela diz que entende que todos erram, mas, quando isso acontece, ela imediatamente conclui que a pessoa foi negligente ou distraída", disse Lucas. "Ela nunca alivia para ninguém."

Desejando compreender melhor a postura crítica de Maria, Lucas investigou mais a fundo e descobriu que, na outra empresa que ela dirigia, garantir que os funcionários seguissem os procedimentos era uma luta constante.

"É impressionante o tipo de besteira que as pessoas fazem", comentou ele, balançando a cabeça. "Agora entendo por que ela acha minha abordagem tolerante demais. Ainda acredito que estou certo, mas estou disposto a ceder um pouco."

Às vezes, abrir mão do que se acredita ser o "certo" pode ser a melhor escolha. Normas, regras, crenças, valores morais e padrões de conduta variam ao longo do tempo e entre culturas. Assim, o que é considerado "correto" é relativo. A realidade não é um dado fixo e objetivo: ela é filtrada por nosso ponto de vista, que é único e irrepetível.

A palavra "ponto de vista" não é aleatória — trata-se, literalmente, de uma visão que parte de um ponto específico. Tudo pode ser observado de um círculo completo de pontos de vista. Se duas pessoas estiverem em lados opostos da rua e presenciarem um acidente de carro, cada uma terá uma versão distinta do ocorrido. E, se uma terceira pessoa assistir à cena de uma janela no segundo andar, sua perspectiva também será diferente. Não se trata apenas de memória ou atenção: o mesmo acontece com câmeras. Em partidas esportivas, os árbitros revisam lances duvidosos observando-os sob diferentes ângulos. Aquilo que parece óbvio em uma câmera pode ser ambíguo em outra.

Essa analogia se aplica também a visões intelectuais, filosóficas, religiosas ou políticas. As crenças humanas — que nada mais são do que pontos de vista estruturados — são profundamente moldadas por nossas identidades: social, cultural, emocional, sexual, espiritual, religiosa, financeira e intelectual. Esses fatores, que nos tornam singulares, também influenciam a forma como enxergamos o mundo. Como afirma Dan Thurmon, autor de *Off Balance on Purpose* [Desequilibrado de propósito, em tradução livre], a própria realidade é subjetiva: "Não vivemos uma existência baseada em fatos. Processamos o mundo por meio de nossas emoções"[22].

22 THURMON, D. Relative Reality. *Motivations Works Inc, 2023*. Disponível em: https://danthurmon.com/relative-reality/.

Sob essa perspectiva, torna-se possível acolher a incerteza como parte da experiência humana e recorrer à curiosidade e à empatia para compreender aqueles que pensam diferente de nós. Assim, conseguimos sustentar nossa verdade sem precisar negar ou invalidar a verdade do outro — e sem desperdiçar energia tentando "corrigir" sua percepção. Cada um de nós vive uma versão única da realidade e, como observa Thurmon, isso não é um problema: "Estenda empatia enquanto molda, ativamente, uma realidade inspiradora que é só sua".

Dado que nossas crenças e experiências pessoais moldam nossa verdade e tingem nossa realidade, segue-se que a maioria das chamadas "verdades" é, de fato, subjetiva. Em outras palavras: aquilo que é bom ou certo para você pode ser ruim ou equivocado para outra pessoa, e vice-versa.

Considere, a seguir, alguns exemplos de verdade subjetiva:

- Música, pintura e literatura. O sucesso comercial equivale a boa arte? Se você ama uma canção, história ou pintura e outra pessoa não a suporta, isso é bom ou ruim?
- A definição de sucesso. É um salário alto? Ser livre para fazer o que você ama? Viver com autenticidade?
- O que acontece após nossa morte? Nada, fim de jogo? Ressurreição? Reencarnação? Alguma outra coisa?

Não importa qual seja a sua verdade, em vez de defendê-la, tente aumentar sua compreensão do que os outros pensam ser verdade. Ser *do contra* levanta muros. Ser curioso e interessado constrói pontes.

TROQUE A CERTEZA PELA CURIOSIDADE

O filósofo grego Protágoras afirmava que a maneira como interpretamos cada experiência — ou qualquer coisa, de modo geral — é relativa a cada um de nós[23]. Há mais de 2.500 anos, essa ideia era inovadora e amplamente debatida na Grécia Antiga. Sua teoria ficou conhecida pela máxima: “O homem é a medida de todas as coisas”.

Um exemplo simples ajuda a ilustrar: se um quarto está a 18 °C, essa temperatura pode parecer fria para quem acaba de sair de um banho quente, ou quente para alguém que acaba de chegar de uma nevasca. A perspectiva de Protágoras sustentava que ambas as percepções estavam corretas, pois se baseavam na experiência individual de cada um. Por isso, ao pensarmos que algo é certo ou errado — ou, nesse caso, quente ou frio —, é útil lembrar que a realidade pode comportar ambos os sentidos.

Algumas décadas depois, o filósofo Platão contrapôs-se a essa concepção relativista. Para ele, deveria haver uma verdade final, uma referência objetiva; caso contrário, toda discussão sobre certo e errado não passaria de mera opinião. Platão argumentava que leis e normas sociais só fariam sentido se fundamentadas em verdades absolutas. Tamanha era sua convicção que chegou a escrever um diálogo filosófico fictício com Protágoras, no qual procurava refutar a visão do pensador sofista.

Independentemente da filosofia que se adote, é inegável que existem verdades que não são subjetivas. Você pode não acreditar na gravidade, por exemplo, mas ainda assim cairá se escorregar de um telhado. No entanto, na maioria das situações cotidianas, reconhecer que existem outros pontos de vista além do nosso é uma forma mais harmoniosa de seguir em frente. Isso não implica abdicar da própria convicção, mas

---

23 MARK, J. J. Protagoras. *World history encyclopedia*, 2009. Disponível em: https://www.worldhistory.org/protagoras/. Acesso em: 24 abr. 2024 (última atualização em 2 de setembro de 2009).

cultivar uma mente aberta — e compreender que, diante de verdades subjetivas, mais vale ouvir do que discutir.

Como afirmam Steven Levitt e Stephen Dubner em *Pense como um freak*: "Ter confiança de que você está certo não é a mesma coisa que estar certo". Mesmo que uma perspectiva específica esteja correta, tentar prová-la a qualquer custo implica, muitas vezes, colocar o outro em posição de erro — o que raramente resulta em mudança de opinião. Ao insistirmos em um ponto, ampliamos a divisão. Mas, ao demonstrarmos curiosidade pela perspectiva do outro, podemos estreitar essa distância.

A curiosidade — esse desejo intenso de aprender — amplia nosso entendimento sobre qualquer tema e nos motiva a buscar conhecimento por si só. Você talvez esteja pensando: "Mas a curiosidade não matou o gato?". Provavelmente, não. Ou, ao menos, não com a frequência que a expressão sugere.

A forma original do ditado surgiu em 1598, na peça *Every Man in His Humour*, do dramaturgo inglês Ben Jonson: "*Helter skelter, hang sorrow, care'll kill a cat ...*"[24] — em que "*care*" significava "preocupação" ou "tristeza". Um ano depois, Shakespeare escreveu, em *Much Ado About Nothing*: "*What though care killed a cat, thou hast mettle enough in thee to kill care*"[25]. A origem da versão moderna, "a curiosidade matou o gato", é incerta, mas seu objetivo passou a ser o de alertar contra os perigos de sermos excessivamente inquisitivos.

Em minha opinião, a curiosidade não matou o gato — tornou-o mais inteligente. Ser curioso nos impulsiona a explorar o mundo, aprender e evoluir. Todos os animais demonstram comportamentos curiosos; é algo inato. No caso dos seres humanos, o desejo pelo conhecimento é chamado de "curiosidade epistêmica". Um estudo

24 "Tudo atrapalhado, deixe a tristeza de lado — preocupação demais mata até um gato. [...]."

25 "Embora a curiosidade tenha matado um gato, tendes coragem suficiente em ti para matar a curiosidade."

realizado na Alemanha mostrou que esse tipo de curiosidade "facilita a aquisição de conhecimento ao promover o raciocínio".

O estudo, intitulado *Being Snoopy and Smart: The Relationship Between Curiosity, Fluid Intelligence, and Knowledge* [Bisbilhoteiro e inteligente: a relação entre curiosidade, inteligência fluida e conhecimento, em tradução livre], concluiu: "Pode-se especular que indivíduos epistemicamente curiosos enriquecem seu ambiente, o que, por sua vez, aprimora sua capacidade cognitiva"[26]. A curiosidade, ao ampliar o entendimento e fomentar a empatia, fortalece os relacionamentos e impulsiona o sucesso. Ela é considerada por especialistas um sistema motivacional mais eficaz que a certeza. Por isso, algumas empresas passaram a incorporá-la em seus processos seletivos.

A IDEO, uma conhecida consultoria de design e inovação, busca candidatos com curiosidade e empatia — qualidades essenciais para o trabalho colaborativo e a criatividade interdisciplinar. No artigo *The Business Case for Curiosity* [Em defesa da curiosidade nos negócios, em tradução livre], publicado na *Harvard Business Review*, Francesca Gino, professora da Harvard Business School, destaca: "A empatia permite que os funcionários escutem com atenção e considerem os problemas sob o ponto de vista dos outros, enquanto a curiosidade se traduz no interesse genuíno pelas áreas alheias, a ponto de o indivíduo começar a praticá-las[27]."

Ela afirma ainda que a IDEO acredita que o sucesso dos profissionais não está em sua especialização técnica, mas na curiosidade que os impulsiona a explorar, questionar e colaborar.

---

26 HARTUNG, F.-M.; THIEME, P.; WILD-WALL, N.; HELL, B. Being snoopy and smart: the relationship between curiosity, fluid intelligence, and knowledge. *Journal of Individual Differences*, v. 43, n. 4, p. 194-205, 2022. Disponível em: https://doi.org/10.1027/1614-0001/a000372. Acesso em: 24 abr. 2024.

27 GINO, F. The business case for curiosity. *Harvard Business Review*, set./out. 2018. Disponível em: https://hbr.org/2018/09/the-business-case-for-curiosity. Acesso em: 24 abr. 2024.

Um exemplo notável: em 2004, o Google alugou um outdoor no Vale do Silício com a enigmática mensagem: "{primeiros 10 dígitos primos encontrados em dígitos consecutivos de e}.com". Os curiosos que decifraram o enigma chegaram ao endereço 7427466391.com, onde encontraram outra equação. Aqueles que a resolveram foram convidados a enviar seus currículos. Segundo Gino, o Google adotou essa estratégia porque valoriza a curiosidade. A empresa também inclui, em suas entrevistas, perguntas destinadas a identificar pessoas genuinamente curiosas, como: "Você já se viu em uma situação em que não conseguiu parar de aprender algo novo? Por quê?".

Alguns candidatos responderam que era por obrigação profissional. Outros, simplesmente, porque eram curiosos.

Em um estudo conduzido com 120 funcionários, Gino descobriu que, quando as pessoas estão curiosas, lidam com situações desafiadoras de forma mais criativa do que quando não estão. "A curiosidade natural está associada a um desempenho superior, segundo a avaliação de supervisores diretos", afirma. Pesquisas também indicam que, sob estresse, pessoas curiosas tendem a ser menos defensivas.

Adotar uma mentalidade curiosa permite considerar diferentes explicações para comportamentos alheios que, à primeira vista, possam parecer irritantes ou inadequados. Isso favorece o entendimento e evita reações impulsivas que poderiam prejudicar os relacionamentos. Os dados da pesquisa de Gino confirmam: a curiosidade contribui para o trabalho em equipe.

"Minha pesquisa mostrou que a curiosidade encoraja os membros do grupo a se colocarem no lugar do outro e a se interessarem pelas ideias uns dos outros, em vez de se fixarem em suas próprias perspectivas", diz ela. "Isso favorece uma colaboração mais eficaz e harmoniosa: os conflitos são menos intensos, e os resultados, melhores."

Se você não se considera naturalmente curioso, uma forma eficaz de desenvolver essa qualidade é cultivar a humildade diante do que pensa saber. Quem acredita ter todas as respostas raramente faz perguntas — e, portanto, aprende menos. Por outro lado, reconhecer que conhecemos apenas uma fração do que há para saber é um sinal de humildade intelectual. E essa virtude é essencial não apenas para a curiosidade, mas também para o cultivo de relações mais significativas.

Tenelle Porter, professora assistente de psicologia educacional na Universidade Estadual Ball, define humildade intelectual como a consciência de que nosso conhecimento é extremamente limitado. Em suas pesquisas, realizadas durante o pós-doutorado, constatou que pessoas com maior humildade intelectual estão mais dispostas a considerar perspectivas diferentes das suas. Além disso, tendem a ter um desempenho melhor tanto no ambiente acadêmico quanto no profissional.

Segundo Porter, reconhecer que o mundo está em constante transformação nos torna mais aptos a lidar com o desconhecido: "Ao adotar essa visão, líderes e equipes podem começar a perceber o valor da exploração"[28].

Embora os estudos sobre humildade intelectual sejam recentes — começaram há pouco mais de uma década —, os resultados têm sido promissores.

"Ela já foi descrita como um antídoto contra a polarização política, um recurso para fortalecer a credibilidade científica e uma postura que promove a aprendizagem", afirma Porter.

Em seus estudos, ela identificou que indivíduos conscientes dos limites do próprio saber discordam de forma mais construtiva, valorizam as habilidades intelectuais alheias e estão mais abertos a aprender com pontos de vista opostos.

Em um mundo cada vez mais polarizado, a curiosidade e a humildade intelectual estão entre as virtudes mais necessárias. Elas nos ajudam a dialogar em vez de reagir, a escutar em vez de julgar — e isso pode nos conduzir a um futuro mais pacífico e colaborativo.

---

28 PORTER, T.; SCHUMANN, K. Intellectual humility and openness to the opposing view. *Self and Identity*, v. 17, n. 2, p. 139-162, 2018. Disponível em: https://doi.org/10.1080/15298868.2017.1361861. Acesso em: 16 fev. 2025.

Cultive a curiosidade

Todos nós podemos cultivar a curiosidade. Aqui estão algumas formas de começar:

- Pergunte por quê. Questione tudo. Tolo não é fazer perguntas, e sim não as fazer. Desafie-se a ser a pessoa que faz perguntas com mais frequência do que compartilha respostas. Você já sabe o que sabe. Que tal descobrir o que outras pessoas pensam?
- Amplie seus horizontes. Converse com pessoas que têm pontos de vista, valores e perspectivas diferentes. Veja se consegue entender a motivação por trás dessas visões e posicionamentos.
- Observe e explore. Interaja com o mundo, as pessoas ao seu redor e a natureza. Permita-se vagar por uma livraria, pare em uma cafeteria diferente, observe as pessoas e escute conversas. A curiosidade requer tempo. É um processo que se desdobra. Pergunte-se como essas coisas aconteceram.
- Experimente coisas novas, incluindo comida, esportes, hobbies, música e literatura. Existe tanto para se provar no mundo que uma diversidade de experiências em campos variados alimentará sua curiosidade e desencadeará mais perguntas.
- Foque o futuro. "Eu sempre fiz as coisas assim" não significa que não existe uma forma diferente e talvez mais prazerosa de fazê-las. Como você vai saber se não tentar?
- Tenha uma abordagem infantil em relação à vida. Como adultos, tendemos a pensar que sabemos muito, e, mesmo quando sabemos que não sabemos, somos impedidos pelo ego a fazer perguntas e explorar.

Aumente sua humildade intelectual

A humildade intelectual surge do desejo de aprender mais e descobrir o que é verdadeiro, mesmo que isso signifique mudar de opinião ou ajustar um posicionamento. Ou seja, grosso modo, ter humildade intelectual, muitas vezes, é admitir que você está errado. Aqui estão algumas maneiras de começar:

- Cultive uma mentalidade de crescimento. Para aprender mais, você precisa estar disposto a admitir que não sabe tudo. Uma mentalidade de crescimento envolve reconhecer que há sempre espaço para crescer intelectualmente.
- Comece a olhar para as dificuldades como oportunidades de aprendizado e crescimento. Isso criará ótimas oportunidades para aprender algo novo.
- Diga: "Eu não sei". Sentir-se confortável com isso significa que você está seguro o suficiente para reconhecer que não sabe de tudo e que não saber algumas coisas não diminui as coisas que você sabe.

EXPANDA O ESPAÇO ENTRE ESTÍMULO E RESPOSTA

Depois de vários meses praticando novas habilidades de relacionamento, a relação de Lucas e Maria vinha melhorando de forma consistente. Ainda assim, havia situações emocionalmente desgastantes.

"Quando estou falando e ela revira os olhos, tenho vontade de quebrar tudo", disse ele.

"E o que você faz quando tem essa reação instintiva?", perguntei.

"Faço o que minha avó me ensinou quando eu era pequeno: conto até dez e não digo nem faço nada. Mas, com a Maria, parece que minha cabeça vai explodir."

Assegurei a Lucas que ele poderia aprender a se sentir um pouco menos exaltado cada vez que ela revirasse os olhos, mas que isso exigiria prática. Aprender a ampliar o intervalo entre o estímulo e a resposta é uma habilidade que muitas pessoas jamais desenvolvem. Se você conhece alguém assim, provavelmente já testemunhou os efeitos negativos que reações impulsivas podem ter sobre os relacionamentos e sobre o sucesso pessoal — e isso pode servir de motivação para evitar cometer os mesmos erros.

Incentivei Lucas a começar a prestar atenção em como se sentia sempre que seu gatilho emocional era acionado, e a revisar esses episódios mais tarde, com calma.

"Perceba onde a raiva começa a se manifestar", sugeri. "Seu coração dispara? As palmas das mãos ficam suadas? Você sente confusão ou agitação mental? Tente identificar os sinais físicos que mostram que suas emoções estão se intensificando."

Se você conseguir perceber esses sinais iniciais, poderá antecipar sua reação e alterá-la. E se está pensando que dizer é fácil, mas fazer é difícil, está certo. Não acontece da noite para o dia. É preciso atenção constante e prática, e, no começo, é natural falhar. E falhar novamente. Mas o simples fato de tomar consciência da lacuna entre o que acontece e a forma como você reage já é, por si só, um avanço. Quanto mais consciência você tiver desse espaço, mais clara se tornará a possibilidade de escolher como reagir.

Quando um cliente me conta algo que fez ou disse e do qual se arrepende, costumo perguntar em que momento ele sentiu que estava perdendo o controle. Ao reconstruir mentalmente a cena, ele geralmente consegue identificar esse ponto. E, com o tempo, à medida que essa consciência se fortalece, ele aprende a reconhecer o momento exato em que está prestes a ultrapassar o limite. Assim que percebe que o gatilho foi acionado, pode respirar fundo e evitar dizer ou fazer algo de que venha a se arrepender.

Claro que nem sempre funciona de imediato. A reação instintiva pode ser teimosa e exigir tempo para ser reeducada. Por isso, errar faz parte do processo de aprendizagem. Mas, com prática, é possível transformar esse intervalo entre o estímulo e a resposta numa oportunidade de evitar arrependimentos e influenciar positivamente o desfecho da interação.

O poder está em identificar o instante que antecede sua reação automática e interceptá-la antes que se instale. Essa percepção é essencial: se você reconhece que está prestes a reagir emocionalmente, pode fazer uma pausa, respirar profundamente e se recentralizar. Isso lhe permite desarmar a situação, pensar com clareza, escolher como interpretar o que aconteceu e responder de um modo que revele o melhor de você.

Se alguém disser algo que você considere ofensivo, experimente esta abordagem de três passos:

1. Note seu impulso inicial.
2. Expanda o intervalo.
3. Escolha como agir.

A seguir, há alguns exemplos.

1. Note seu impulso inicial

- Físico: sentir o coração disparar.
- Emocional: vontade de devolver o insulto e arremessar este prato em você.

2. Expanda o intervalo

- Físico: respire longa e lentamente.
- Mental (processo de pensamento, análise): lembre-se da pessoa que você quer ser. Essa pessoa não insulta os outros nem joga pratos.

3. Escolha como agir

- Físico: distancie-se. Coloque o prato de lado e afaste-se sem dizer nada. Volte para a conversa depois de pensar de forma racional (não reativa) sobre a melhor maneira de prosseguir.

Se você estiver com dificuldade para se acalmar, tente correr, caminhar por um tempo, meditar ou fazer algo saudável que lhe traga bem-estar. Cada pessoa desenvolve, ao longo da vida, sua própria estratégia para sair de estados emocionais negativos e reencontrar o equilíbrio. Reserve um tempo para formular um conjunto de estratégias eficazes — uma variedade de ações que você saiba que funcionam para você. E, se ainda não tiver certeza, experimente diferentes alternativas até descobrir o que realmente ajuda.

Quando você pratica expandir o intervalo entre o estímulo e a resposta, é útil pensar em ações como proativas e em respostas como reativas. Se alguém for grosseiro, injusto ou provocador, sentir uma reação emocional imediata é tão natural quanto o movimento involuntário da perna quando o médico atinge aquele ponto logo abaixo do joelho com um martelinho. No entanto, ao contrário de um reflexo físico, você pode aprender a controlar o que diz e faz, mesmo quando é emocionalmente provocado. Ao esticar o espaço entre o que acontece e sua reação, você passa a escolher conscientemente o próximo passo. Com o tempo, perceberá que não está à mercê de suas emoções. Sempre existe um espaço de liberdade no qual é possível optar por uma resposta que reflita a pessoa que você deseja ser.

No artigo "Freedom and Responsability Re-Examined" ["Liberdade e responsabilidade reexaminadas, em tradução livre], de 1963, o psicólogo existencialista norte-americano Rollo May escreveu: "Na verdade, eu definiria saúde mental como a capacidade de estar consciente da lacuna entre o estímulo e a resposta, juntamente com a capacidade de usar essa lacuna de forma construtiva". E, doze anos depois, em *A coragem de criar*, afirmou: "A liberdade humana envolve nossa capacidade de pausar entre estímulo e resposta e, nessa pausa, escolher o peso certo para colocar nessa resposta. A capacidade de nos criarmos a partir dessa liberdade é inseparável da consciência ou autoconsciência".

Esse intervalo entre o estímulo e a resposta é um dos recursos mais valiosos que possuímos. Pessoas que não fazem bom uso desse espaço acabam tornando suas vidas mais difíceis do que precisariam ser. Quantas vezes você já disse algo de que se arrependeu logo depois? Quantas vezes perdeu a paciência e feriu alguém desnecessariamente? A maioria desperdiça a liberdade oferecida por esse intervalo. Mas a vida não seria mais leve e interessante se você considerasse, com atenção, como responder — em vez de reagir de forma impulsiva?

Reações instintivas são mecanismos fundamentais de sobrevivência — como o impulso de se abaixar diante de um barulho súbito. Elas foram moldadas para lidar com situações de risco extremo. Mas quando você permite que emoções intensas determinem suas ações em contextos cotidianos, está renunciando à sua liberdade de escolha.

Sem compreender essa dinâmica, tornamo-nos reféns das próprias emoções. A frase "não posso controlar como me sinto" é um mito amplamente aceito. Na realidade, nossos sentimentos derivam de crenças, percepções e experiências — e todos esses elementos podem ser modificados, assim como nossos comportamentos podem ser ajustados quando já não nos servem ou não favorecem a melhor versão de nós mesmos.

Dominar a arte de ampliar o intervalo entre estímulo e resposta, escolhendo cuidadosamente suas palavras e ações, transformará profundamente a qualidade dos seus relacionamentos — e, com o tempo, também sua relação consigo mesmo.

CAPÍTULO 7

COMO CONSTRUIR SUA ALDEIA

Quando era adolescente, a atual diretora de propósito da Work Coherence começou a se perguntar por que algumas pessoas pareciam quase sempre felizes, enquanto outras não. Lara Bezerra sabia que queria fazer parte do primeiro grupo — o das pessoas felizes —, mas não fazia ideia de como alcançar esse estado. Então, decidiu perguntar à mãe, que era física e médica. Com esse currículo, certamente teria uma resposta.

E de fato tinha. Mas não era a resposta que Lara esperava.

"Pare de procurar maneiras de ser feliz", disse sua mãe. "Se você quer ser feliz, apenas seja. É uma escolha."

"Na época, isso não me pareceu viável", recorda Lara. Então ela recorreu ao avô e perguntou por que ele parecia estar feliz a maior parte do tempo.

"A felicidade vem da sabedoria", respondeu ele. "Geralmente, as pessoas se tornam mais sábias com a idade, e aí já lhes resta pouco tempo para serem felizes. Quanto mais cedo você se tornar sábia, mais tempo terá para viver feliz."

A explicação não fez muito sentido para Lara naquele momento, mas parecia um caminho possível. Assim, decidiu se dedicar com mais afinco aos estudos. No ensino médio e na faculdade, estabeleceu altos padrões para si mesma e, ainda antes de concluir a graduação em administração de empresas, conseguiu seu primeiro emprego como trainee de vendas na Janssen Inc. Cinco anos depois, aos 27 anos, já havia sido promovida a gerente de administração de vendas.

"Minha mãe e meu avô me deram conselhos que me ajudaram a tomar boas decisões", afirma Lara. "E, porque eles acreditaram em mim, eu passei a acreditar em mim mesma. Eles foram os primeiros membros do meu conselho de diretores pessoal."

Você pode chamá-los de conselho de diretores, equipe dos sonhos ou aldeia — o nome pouco importa. O essencial, como sustentam amplamente pesquisas e evidências empíricas, é cultivar ativamente relações com pessoas que desejam genuinamente o seu sucesso. Nem todos têm a sorte de crescer em uma rede de apoio sólida, mas quem conta com essa estrutura costuma iniciar a vida adulta com uma vantagem significativa.

Enquanto Lara buscava afirmar-se como líder, esse conselho pessoal estava sempre ao seu lado — especialmente sua mãe, que passou a ler livros sobre negócios e liderança para compreender melhor os desafios enfrentados pela filha. As duas mantinham longas conversas sobre o significado de ser uma boa líder. Para Lara, liderar bem significava ser autêntica. No entanto, essa visão nem sempre coincidia com as recomendações de seus supervisores.

"Meus chefes me diziam para não me aproximar dos funcionários nem compartilhar demais minha vida pessoal no ambiente profissional", relata.

Mas esse tipo de postura não fazia sentido para ela. Lara não acreditava em separar a vida pessoal da profissional. Era a mesma pessoa em qualquer contexto — fosse no escritório, fosse em casa. Assim, em vez de manter distância dos funcionários, interessava-se por suas vidas fora do trabalho, apoiava seus objetivos e cuidava de seu bem-estar. Ela não queria impor autoridade; desejava ser uma influência positiva, alguém digno de respeito.

Essa forma de conduzir a liderança foi decisiva para o sucesso da equipe. Juntos, implementaram práticas inovadoras para a época, como a integração entre inteligência de mercado e força de vendas, o planejamento de carreira e sistemas de incentivo. Os resultados foram tão positivos no Brasil que ela foi convidada a implantar os mesmos processos em Portugal.

No entanto, havia um obstáculo emocional importante. Sua mãe, Masa, enfrentava um problema cardíaco grave e o médico avisara que ela não teria muito tempo de vida. Lara hesitou em aceitar a transferência. Mas sua mãe, firme como sempre, deu-lhe um conselho definitivo: "Você tem que ir e assumir o cargo", disse a ela. "Se você ficar, sentirei que preciso morrer mais cedo. Vá para Portugal, e eu vou visitá-la lá."

Lara aceitou a proposta. E sua mãe, fiel à palavra, cumpriu a promessa.

SEJA VOCÊ MESMO

Em Portugal, a função de Lara como gerente de administração de vendas era concluir a implementação da automação do setor comercial. Para que o processo funcionasse, o departamento de logística precisava reestruturar-se, pois representava o principal gargalo para a finalização do projeto.

"Eu tinha ideias sobre como reorganizar o departamento de logística", conta Lara, "mas, em vez de impor uma decisão, ajudei a equipe a reavaliar os processos. Eles propuseram excelentes soluções, que levei ao diretor da empresa."

O diretor ficou tão satisfeito com o esforço colaborativo e com a criatividade das propostas que pediu a Lara que permanecesse por mais um ano, agora para apoiar o departamento de controle.

"Foi nesse período que aprendi o quão eficaz é capacitar as pessoas a serem autênticas e a se expressarem com liberdade", afirma.

Diversos estudos já demonstraram a correlação entre autenticidade e bem-estar. Um deles, conduzido por pesquisadores da Universidade de Nebraska, mostrou que a autenticidade também melhora o ambiente de trabalho[29]: os participantes relataram que ser autêntico economiza tempo e energia, além de aumentar a produtividade e o desempenho, porque não precisam "se esconder".

A abordagem de Lara foi tão bem-sucedida que, após um ano de trabalho no departamento de controle, ela foi convidada a atuar na sede global da empresa, na Alemanha, com a missão de preparar os funcionários para assumirem cargos de liderança.

"Na Alemanha, assim como em Portugal e no Brasil, enfatizei a importância da autenticidade, do bem-estar e da confiança", diz ela. "Trabalhamos em equipe, colaborando uns com os outros para alcançar os objetivos que havíamos estabelecido."

Seu desempenho como uma das líderes de negócios da União Europeia logo chamou atenção. Em menos de dois anos, foi convidada a assumir o cargo de gerente-geral de produtos farmacêuticos na Bayer Hungria. Durante sua gestão, reabriu a filial da empresa na Eslováquia e passou também a dirigi-la. Assim, com pouco mais de 30 anos, Lara já comandava operações em dois países.

Na Hungria, encontrou um novo desafio: liderar uma equipe composta por profissionais mais velhos e experientes. Mas estava disposta a aprender com eles.

"Foi lá que compreendi, de fato, a importância de ser autêntica, de pedir ajuda para liderar e de aprender com a equipe", conta. "E, ao mesmo tempo, introduzi práticas como meditação e exercícios de bem-estar para que todos aprendêssemos juntos. Não como a chefe deles, mas como integrante da equipe."

Ela construiu conexões sólidas com base na confiança, no equilíbrio entre vida pessoal e profissional, e no bem-estar coletivo.

"Em húngaro, a palavra '*bizalom*' significa 'confiança', e foi exatamente isso que priorizei desde o primeiro dia na Hungria."

---

29 JENSEN, S. M.; LUTHANS, F. Entrepreneurs as authentic leaders: Impact on employees' attitudes. *Leadership & Organization Development Journal*, v. 27, n. 8, p. 646-666, 2006. Disponível em: https://psycnet.apa.org/doi/10.1108/01437730610709273. Acesso em: 24 abr. 2024.

Mas o processo não foi fácil nem rápido. Levou dois anos para que a equipe se unisse verdadeiramente, e o percurso foi repleto de desafios.

"Foi nesse momento que reli *O monge e o executivo: uma história sobre a essência da liderança verdadeira*, de James C. Hunter, um livro que minha mãe me deu quando fui promovida a gerente-geral. Ela me disse: 'Este é o tipo de líder que você deve tentar ser'."

A mensagem central de Hunter é que a verdadeira liderança não se baseia em poder, mas em construir confiança por meio da ajuda genuína às pessoas, do cultivo de relacionamentos autênticos, do amor e da disposição para fazer sacrifícios pelos outros.

"Esse livro me fez perceber que era possível liderar uma empresa lucrativa e obter resultados expressivos ajudando os funcionários a se fortalecerem e a trabalhar por um propósito comum."

Ela afirma que a leitura lhe deu a confiança necessária para permanecer fiel ao seu estilo de liderança. Quando a equipe finalmente se consolidou, foi porque haviam aprendido a confiar uns nos outros. Construíram uma verdadeira aldeia, sustentada pela confiança mútua e por um propósito compartilhado: atuar com ética e tornar-se uma referência no mercado farmacêutico da Hungria.

Dessa forma, quando surgiu o desafio de integrar o mercado húngaro à zona do euro, estavam preparados para alcançar o sucesso.

E assim fizeram. Sob a liderança de Lara, a equipe conseguiu padronizar políticas éticas, regulatórias e operacionais no escritório húngaro sem os conflitos e tumultos que costumam acompanhar grandes mudanças.

"Os resultados em vendas e a rentabilidade mostraram que seguir um código de ética pode melhorar tanto os lucros quanto a reputação, e nossos clientes valorizavam o fato de fazer negócios com uma empresa ética", afirma Lara.

Mais uma vez, as conexões autênticas revelaram-se uma via de mão dupla. Ela sorri, os olhos brilhando, e diz: "*Bizalom!*".

Ver sua equipe prosperar fortaleceu sua convicção de que liderar com autenticidade e coerência, garantindo que os colaboradores possam ser eles mesmos, é a melhor forma de gerir uma organização.

Também passou a compreender com mais clareza o conselho que sua mãe lhe dera na adolescência.

“Foi nessa época que entendi que podemos, sim, escolher a felicidade. E ser uma líder me ensinou a ajudar outras pessoas a serem felizes também.”

Embora seu estilo de liderança fosse incomum naquela época, hoje sabemos que fomentar confiança e autenticidade não é uma *soft skill*, mas um fator essencial para o sucesso corporativo. Um estudo de 2013, realizado por pesquisadores da Universidade de Utrecht, na Holanda, concluiu que a maioria dos funcionários acredita que a autenticidade no trabalho leva a uma produtividade maior, a melhores relações interpessoais, a níveis mais elevados de confiança e a um ambiente de trabalho mais positivo de modo geral[30]. Já um estudo conduzido por Jensen e Luthans, da Universidade de Nebraska, mostrou que a percepção dos funcionários sobre a liderança autêntica é o melhor indicador de satisfação no trabalho, impactando de forma positiva atitudes profissionais e níveis de felicidade.

Depois de cinco anos como gerente-geral, Lara foi convidada a assumir a gestão das operações de vendas e marketing em toda a América Latina. Mas, mais uma vez, ela hesitou em aceitar a proposta.

“Eu estava com receio de ir para a América Latina após oito anos vivendo na Europa. Muita coisa havia mudado.”

Sua mãe havia falecido dois anos antes, e, em vez de mudar-se para o México e assumir o novo cargo, Lara queria voltar ao Brasil para estar perto da família. E teria feito isso, se não fosse por sua aldeia.

Seu chefe, um profissional em quem confiava profundamente, garantiu que a proposta era uma excelente oportunidade. Dois colegas

---

30 VAN DEN BOSCH, R.; TARIS, T. W. Authenticity at work: development and validation of an individual authenticity measure at work. *Journal of Happiness Studies: An Interdisciplinary Forum on Subjective Well-Being*, v. 15, n. 1, p. 1-18, 2014. Disponível em: https://psycnet.apa.org/doi/10.1007/s10902-013-9413-3. Acesso em: 16 fev. 2025.

CEOs a incentivaram, ressaltando que o cargo poderia abrir portas ainda maiores. E seus irmãos — embora saudosos — também foram unânimes no apoio.

"Você sabe o que a mamãe diria?", perguntou Marcelo, seu irmão. "Ela diria que, se algo está se apresentando a você, é porque precisam de você lá. Então, agarre essa chance. Você não faz ideia das coisas boas que podem te acontecer."

Lara sabia que ele tinha razão, mas ainda se sentia insegura. Decidiu, então, ligar para uma mentora que fora fundamental em sua trajetória — tanto ao encorajá-la a aceitar o cargo na Hungria quanto ao apoiá-la durante o luto pela mãe. Christa, que há anos fazia parte de seu conselho pessoal, tornou-se também uma amiga próxima. Assim como os demais, ela a incentivou a aceitar a nova missão. Com essa confirmação unânime, Lara decidiu ir.

"Como eu estava sendo movida pelo medo, enxergava apenas parte das minhas opções", conta. "Mas meu conselho me abriu possibilidades que eu jamais teria considerado sozinha."

Quando somos genuínos e coerentes, conseguimos construir vínculos autênticos e profundos, que nos oferecem segurança para compartilhar nossos medos, admitir erros e revelar nossas maiores aspirações. Quando nos permitimos ser vulneráveis, nossa aldeia — conhecendo quem somos e o que buscamos — pode oferecer os conselhos mais precisos e o apoio mais transformador. Esse tipo de orientação nos ajuda a tomar decisões mais acertadas, a expandir nossas zonas de conforto e a alcançar nossos objetivos com mais confiança.

"Ouvir as pessoas em quem confio, em vez de dar ouvidos ao medo, foi uma das melhores decisões que já tomei", afirma Lara.

Christa estava certa: a mudança foi, de fato, um trampolim. Durante sua estadia no México, Lara reencontrou um antigo namorado e com ele se casou. Cinco anos depois, o casal adotou três crianças na Venezuela, realizando assim o grande sonho de Lara: tornar-se mãe.

"Há momentos na vida em que o medo domina tudo", reflete. "E, nesses momentos, precisamos tomar decisões. Muitas vezes, não compartilhamos esse medo com ninguém, porque não queremos parecer vulneráveis. Queremos mostrar força. Mas é justamente aí que corremos o risco de decidir com base no medo. Eu teria voltado ao Brasil se não tivesse dividido meus receios com meu conselho pessoal. Foi por tê-los ao meu lado que tomei a decisão certa — e, com ela, abri uma janela infinita de oportunidades que estava prestes a fechar."

Conexões genuínas enriquecem a vida de todas as maneiras — inclusive ajudando-nos a nos tornarmos versões melhores de nós mesmos. Nossa comunidade amplia nosso potencial por meio de sua sabedoria, experiência e coragem, encorajando-nos a correr riscos conscientes, perseguir nossos sonhos e causar o impacto que desejamos no mundo.

ESCOLHA OS MORADORES DE SUA ALDEIA COM SABEDORIA

Quando você constrói uma aldeia, está criando um lugar onde verdadeiramente pertence. Além de satisfazer uma necessidade humana fundamental, cultivar conexões próximas pode ser decisivo para alcançar os objetivos que você estabeleceu. Por isso, para a sua aldeia na vida adulta, reúna um grupo de pessoas tão sábias e solidárias quanto o conselho pessoal de Lara. Invista, de forma ativa, em relacionamentos com pessoas emocionalmente maduras, que valorizem quem você é, torçam pelo seu sucesso e acreditem na sua capacidade de causar um impacto duradouro.

Ao refletir sobre quem deve compor essa aldeia, considere pessoas capazes de apoiá-lo em momentos de transição importantes, que o conheçam o suficiente para antecipar possíveis obstáculos e estejam dispostas a ajudá-lo a superá-los.

Quando meu cliente Lee saiu da reabilitação, estava ansioso para voltar a jogar golfe, mas também preocupado com a tradição do grupo: após fazer um *birdie*, era comum brindar com uma dose de

Bourbon. Lee tinha um dos *handicaps*[31] mais baixos da sua liga, então era apenas uma questão de tempo até que enfrentasse essa situação. E, de fato, logo na sua primeira volta ao campo, ele fez um *birdie* no terceiro buraco.

"O *birdie* vale a minhoca", disse seu amigo sem hesitar, enquanto lhe entregava uma bala de gelatina roxa em forma de minhoca.

Para Lee, aquele pedaço de doce de quinze centímetros tinha mais valor do que ouro. Se você conta com pessoas assim na sua aldeia, considere-se verdadeiramente abençoado.

Idealmente, sua aldeia será composta por cerca de quinze pessoas, sendo que algumas delas funcionarão como um verdadeiro conselho. Nem todos os membros precisam brilhar em todas as dimensões da amizade. Com diversidade, cada pessoa poderá expressar sua singularidade e contribuir com o que tem de melhor.

Os moradores de sua aldeia podem ser:

1. Amigos que fazem parte do seu círculo íntimo: você sempre pode contar com eles. São confiáveis, leais e solidários. Ficam felizes quando as coisas estão indo bem para você e estão prontos para ajudar quando não. Conhecem você bem e, quando compartilha um problema ou algo com que está lutando, oferecem ideias e perspectivas úteis.
2. Amigos que são torcedores: eles o apoiam em tudo o que você decide fazer, comparecendo a toda peça, concerto ou apresentação sua. Estão cheios de um otimismo inabalável e acreditam em você mesmo quando você não acredita em si mesmo.
3. Amigos que servem como uma bússola moral: eles podem estar mais avançados em suas jornadas espirituais, financeiras ou filosóficas do que você e podem fornecer sábios conselhos, ou simplesmente dar um exemplo inspirador.

---

31 O *handicap* indica o nível de habilidade do jogador. Quanto menor o *handicap*, melhor ele é.

Eles acreditam que você pode alcançar e até superar seus objetivos, e apoiam seu crescimento e sucesso.

4. Pessoas que você vê com frequência: seja pela proximidade ou por interesses comuns, como membros da família, vizinhos e colegas de trabalho.
5. Pessoas em grupos dos quais você faz parte, como ligas de golfe, clubes do livro ou equipes esportivas.

Alguns membros da sua aldeia estarão na sua vida permanentemente, enquanto outros estarão presentes por um período específico, como um mentor, os pais dos melhores amigos dos seus filhos ou alguém que esteja passando por uma experiência semelhante ao que você está vivendo.

O conselho de sua aldeia

Esse é o seu "pessoal" — seus melhores amigos e aqueles a quem você recorre quando precisa de orientação nas diferentes áreas da vida. Em geral, são pessoas que se encaixam nas três categorias principais mencionadas anteriormente, embora possam existir exceções. O ideal é contar com dois ou três membros nesse conselho pessoal, mas mesmo ter apenas um pode representar uma diferença imensa. Muitos dos meus clientes que atravessaram momentos difíceis conseguiram não apenas resistir, mas florescer, graças à presença de alguém que acreditava neles e nunca deixou de apoiá-los.

Se hoje você ainda não tem, no seu círculo mais íntimo, pessoas que desempenhem esse papel — como os membros do conselho de Lara —, este é o momento de começar a construir esses laços. Relacionamentos assim não surgem do acaso; eles se desenvolvem com tempo, intenção e reciprocidade.

Exercício: identifique os moradores de sua aldeia e membros do conselho

1. Consulte novamente as pessoas que você listou em sua lista de relacionamentos no Capítulo 3.
2. Para cada pessoa na lista, anote a influência positiva que ela tem sobre você, seja o encorajando a seguir seus sonhos ou alguma outra coisa que ela faça para somar algo significativo em sua vida.
3. Circule os nomes de uma a três pessoas que você considera como um membro do conselho.

Se houve pessoas que já ocuparam um lugar valioso em sua aldeia, mas de quem você se distanciou ou seguiram caminhos distintos, talvez valha a pena considerar se deseja restaurar ou reinventar esses vínculos. Mesmo os melhores relacionamentos estão sujeitos ao desgaste do tempo, e diversas razões podem contribuir para esse processo. Pode ser que a amizade não tenha sido suficientemente valorizada, que tenham surgido irritações mútuas, sentimentos de inveja ou uma frequência excessiva de comentários sarcásticos e irônicos. Seja qual for o motivo, se há alguém com quem você sente vontade de se reconectar, é possível tomar iniciativas para resgatar o respeito e a generosidade que, em algum momento, os uniram.

Às vezes, tudo se resume ao reconhecimento de que a vida simplesmente aconteceu. Entre o trabalho, a criação dos filhos e a multiplicidade de responsabilidades, nem sempre conseguimos agir da melhor maneira. Nesses casos, pode ser que o que mais falte seja apenas um gesto mútuo de disposição para reinventar a amizade, adaptando-a às realidades presentes.

Quando um relacionamento enfraquece, isso nem sempre implica culpa. Muitas vezes, trata-se apenas de um obstáculo inesperado no mecanismo da convivência — algo que precisa ser removido para que tudo volte a fluir.

NEM TODOS OS RELACIONAMENTOS PODEM SER CONSERTADOS

Infelizmente, nem todos os relacionamentos podem ser restaurados ou remodelados. Em certos casos, o afastamento é a única escolha realmente saudável.

Tara Westover, autora de *Educated: A menina da montanha*, começou a se alfabetizar formalmente apenas aos 17 anos. Em vez de frequentar a escola, ela e seus irmãos eram preparados para o "fim dos tempos", vivendo isolados do mundo numa montanha em Idaho. Estocavam suprimentos de emergência, armas, ouro, combustível, faziam conservas de pêssego e tinturas de plantas — tudo porque seus pais rejeitavam o uso de medicamentos. Seu pai era profundamente desconfiado do governo, acreditando que o FBI os perseguia. Para Tara, não havia como imaginar que o mundo além da propriedade da família fosse diferente do que lhe era descrito. Foi somente ao ouvir falar sobre o transtorno bipolar que ela começou a compreender, ainda que parcialmente, a paranoia do pai.

Tara encontrou livros didáticos por conta própria para se preparar para os exames de admissão e foi aceita na Universidade Brigham Young, mesmo sem nunca ter frequentado o ensino médio. Em *Educated*, ela relata que usou seus diários de infância como material para escrever sobre a jornada de reconquistar, como diz, "a custódia da própria mente". Além de se ver obrigada a "desaprender" as crenças distorcidas inculcadas por seu pai, ela precisou enfrentar o trauma dos abusos físicos cometidos por seu irmão Shawn. Quando confrontou os pais a respeito, em vez de acolhê-la ou responsabilizar o agressor, eles a rejeitaram e demonizaram. A negação da realidade foi tão intensa que Tara chegou a duvidar da própria sanidade: "Eu realmente acreditei que estava louca", afirma.

"Meus pais conseguiram fazer com que eu deixasse de confiar em mim mesma de maneira profunda", diz Tara. "É muito difícil continuar acreditando em si mesma e na própria bondade quando as pessoas que mais conhecem você simplesmente não acreditam."

Mais tarde, Tara conquistou uma bolsa de estudos em Harvard e concluiu o doutorado em história no Trinity College, em Cambridge. Durante muito tempo, no entanto, ela carregou a sensação de que havia algo errado com ela. Sentia vergonha pelo fato de não ser amada por seus pais — uma dor que, segundo ela, motivou a escrita de suas memórias, com o intuito de aliviar a vergonha de outras pessoas que também viveram o isolamento e a rejeição. Em entrevista ao *The Irish Times*, Tara afirmou que, embora muitos talvez sentissem raiva de sua família pelo resto da vida, ela já não sentia mais, pois estava livre do poder que eles tinham sobre ela — e, finalmente, sem medo.

"Você pode amar alguém e ainda assim escolher se afastar dessa pessoa", disse Tara. "Pode sentir saudade dela todos os dias e, mesmo assim, estar em paz por ela não fazer mais parte da sua vida."

Essa é, sem dúvida, uma das verdades mais difíceis de aceitar. Por isso, costumo ajudar meus clientes a explorar, com cuidado, todas as possibilidades de cura e reconstrução antes de chegarem a essa decisão. Todos nós, em algum momento, dizemos ou fazemos coisas das quais nos arrependemos — isso é parte de ser humano. Mas quando a personalidade dominante de alguém é sistematicamente negativa, ou quando essa pessoa carece do controle emocional necessário para evitar ferir os outros, ela compromete não apenas sua própria "aldeia", mas também as chances de deixar um legado positivo. Em casos assim, um mais um pode, infelizmente, resultar em menos que dois.

Exercício: suas conexões são fortes mesmo?

Nem sempre fica claro quando é hora de terminar uma relação, mas aqui temos algumas perguntas que você pode explorar para servir como guia nesta difícil decisão:

1. A outra pessoa liga apenas quando precisa de alguma coisa — dinheiro, apoio, um favor, um par de ouvidos?
2. A pessoa normalmente liga para contar novidades que vão te desestabilizar ou compartilha novidades ou fofocas que são negativas?
3. Ela diminui seus feitos ou os transforma em não realizações? Quando você divide uma realização, ela tenta mostrar que fez melhor?
4. Ela espalha fofocas e/ou tenta envolver você em dramas que não lhe interessam?
5. Você se sente culpado ou inadequado quando está perto dela? Você se sente como se sempre precisasse se explicar e/ou se defender?
6. Vocês têm discussões improdutivas com frequência? Sente que sofreu *gaslighting*?[32]
7. Você se sente lidando com um oponente em vez de um amigo ou parceiro?

Se você respondeu "sim" a três ou mais das perguntas, talvez seja o momento de considerar seriamente se esse relacionamento está lhe causando mais prejuízos do que benefícios — e, a partir disso, refletir se vale a pena tentar resgatá-lo ou se é necessário se desconectar. Quando amamos alguém ou temos um forte vínculo com essa pessoa,

32 *Gaslighting* é uma forma de violência psicológica sutil, em que o abusador mente, distorce a realidade e manipula a vítima, fazendo-a duvidar de sua própria percepção ou sanidade.

é comum criarmos justificativas para comportamentos prejudiciais, simplesmente porque a ideia de se afastar parece dolorosa demais. No entanto, se você conseguir silenciar as emoções por um instante e adotar uma perspectiva mais objetiva, talvez perceba que a dor que está tentando evitar é, na verdade, menor do que aquela que já vem suportando.

O propósito deste exercício é justamente ajudá-lo a enxergar com mais clareza como seguir adiante em relacionamentos que não estão funcionando. Essa clareza pode vir por meio da análise racional, da meditação, da oração, de uma caminhada tranquila na natureza ou de uma conversa sincera com os membros do seu conselho pessoal — sua "aldeia".

Também pode ser útil estabelecer um prazo para tomar a decisão. E, se ainda assim você estiver com dificuldade de decidir ou estiver sofrendo com a escolha que fez, considere incluir um terapeuta em sua aldeia. Às vezes, contar com apoio profissional é o passo essencial para reencontrar o equilíbrio.

FORTIFIQUE SUA ALDEIA

Você pode fortalecer sua aldeia incluindo pessoas com diferentes habilidades, talentos, origens e crenças. Pode ser especialmente valioso contar com indivíduos que discordem de você. Essas divergências saudáveis podem ampliar sua visão de mundo e incentivá-lo a reavaliar suas próprias convicções — tal como acontecia com os juízes da Suprema Corte dos Estados Unidos, Antonin Scalia e Ruth Bader Ginsburg, que enriqueciam seus argumentos ao explicar, com respeito mútuo, as razões de seus desacordos. Cercar-se apenas de pessoas que pensam como você é limitar seu crescimento. Ao entrar em contato com outras perspectivas, você ganha a oportunidade de mudar de opinião ou de fortalecer suas ideias com argumentos mais consistentes. Em qualquer um dos casos, é um ganho.

Fortalecer sua aldeia também significa cultivar ativamente essas conexões, demonstrando às pessoas o quanto são importantes para você. Isso exige iniciativa e comprometimento para manter esses vínculos vivos, mesmo com o passar do tempo ou diante da distância geográfica. Se você não cuidar dessas relações, pode se sentir constrangido para pedir conselhos ou apoio justamente nos momentos em que mais precisa — e isso pode ter um custo alto.

Se Lara não tivesse mantido seu vínculo com Christa, talvez tivesse recusado a oportunidade que a levou a fundar sua própria empresa. Ao longo dos anos, Christa ajudou Lara a tomar decisões fundamentais em períodos desafiadores, tanto na vida pessoal quanto na carreira. Por isso, quando Lara recebeu da Roche uma proposta para assumir o cargo de CEO na Venezuela, foi a Christa que ela recorreu primeiro.

"Eu queria experimentar algo diferente e achei que a Roche poderia me permitir aprofundar meu estilo de liderança do jeito que eu acreditava", conta Lara. "Mas a Bayer tinha sido essencial para minha formação, então eu tinha muitas dúvidas sobre deixar a empresa. Foi a Christa quem me deu a clareza e a tranquilidade de que eu precisava para dar esse grande passo."

Cinco anos depois, quando surgiu o convite para liderar a Roche na Índia como CEO, mais uma vez foi sua aldeia que a incentivou a aceitar o desafio.

"Foi na Índia que tudo aquilo que eu vinha aprendendo e praticando ao longo da vida se reuniu e fez sentido", diz Lara. "Quando contei a um dos diretores sobre meu estilo de liderança, ele disse: 'Isso nunca vai funcionar na Índia'. E eu respondi: 'Talvez eu acredite mais no seu povo do que você mesmo'."

No final, deu certo. Lara construiu uma aldeia sólida ao enxergar o potencial de cada pessoa e ao estimular todos a se tornarem a melhor versão de si mesmos — e a ajudarem os outros a fazer o mesmo. Em apenas dois anos, a reputação da empresa foi transformada. A mídia nacional passou a reconhecer o trabalho desenvolvido pela Roche Índia, o engajamento dos colaboradores saltou de 40% para 86%, as vendas cresceram, e importantes negociações foram iniciadas com agentes do setor para melhorar o sistema de saúde no país e trazer novos medicamentos à população.

Exercício: avalie o potencial de suas relações

Explorar o potencial de suas relações pode abrir um mundo inteiramente novo para você. Para cada pessoa de sua lista de relacionamentos, responda às seguintes perguntas:

1. Como ela apoia os meus propósitos e objetivos de vida, e como eu apoio os dela?
2. O que eu acho de valioso nela, e o que ela acha de valioso em mim?
3. Como ela me motiva a fazer melhor e ser melhor, e como eu a motivo a fazer o mesmo?
4. Qual potencial inexplorado esta relação pode ter para ambas?

É provável que muitos dos seus relacionamentos tenham uma série de possibilidades que você ainda não explorou. Isso é uma descoberta empolgante, porque significa que há espaço para o relacionamento evoluir e se aprofundar. Imagine como sua vida pode ser se você desenvolver todos os seus relacionamentos saudáveis ao máximo.

Solidifique suas conexões

Ao longo do tempo, você pode (e deve) fortalecer todas as suas conexões, mas, para isso, comece devagar. Escolha dois relacionamentos que você queira consolidar e crie um plano de um ano para tornar isso realidade. Você pode:

- Convidá-los para fazer coisas com mais frequência, seja para tomar um café, dar uma volta ou qualquer outra atividade que seja prazerosa para os dois.
- Estar totalmente presente quando estiver com eles.
- Direcionar a conversa para que compartilhem experiências que tiveram.
- Praticar os comportamentos de boa escuta do Capítulo 5. Lembre-se de que seu objetivo é entender o que está sendo dito, não tentar resolver, a menos que eles peçam esse tipo de apoio.
- Fazer coisas que serão apreciadas pela outra pessoa. Pode ser uma ligação ou uma mensagem de texto mais tarde sobre algo que ela lhe contou, dar-lhe algo que mencionou querer ou precisar, ou encaminhar um artigo que ache interessante, ou ainda uma lista de músicas que possa gostar. Minha irmã, Roberta, é ótima nisso. Ela nunca esquece uma ocasião especial e sempre escolhe presentes que sabe que vamos adorar — como as frutas com cobertura de chocolate que ela envia para minha mãe e para mim em nossos aniversários, todos os anos. Todos nós apreciamos quando alguém pensa em nós e faz algo para demonstrar que valoriza nosso relacionamento. Todos gostam de se sentir valorizados e especiais.
- Anotar as datas e detalhes dos eventos importantes que ela lhe contou para depois checar como as coisas transcorreram. Isso pode ser tão simples quanto uma mensagem de voz ou uma mensagem de texto dizendo "E a consulta ao médico hoje, como foi?" ou "Como foi sua apresentação?" ou "Os seus filhos gostaram do recital?". Mostrar às pessoas que você está prestando atenção ao que está acontecendo em suas vidas e que se importa é uma maneira eficaz de garantir que elas saibam que estão sendo vistas, ouvidas e valorizadas.

Desenvolva conexões profundas
Se você quer desenvolver conexões mais profundas e significativas, comece construindo pontes com suas próprias vulnerabilidades:

- Aprofunde-se. Quando estiver conversando com alguém, vá além do superficial. Em vez de falar sobre o clima ou as notícias do dia, pergunte sobre os pais, o parceiro ou os filhos da pessoa. E esteja disposto a baixar a guarda e compartilhar algo semelhante, mesmo que isso seja desafiador para você. Aprofundar a conversa não é apenas transmitir informações, mas estar aberto a falar sobre os significados das coisas. Se seu pai teve um derrame, você não relata apenas o fato. Você compartilha o efeito que isso teve em você: "Meu pai teve um derrame, e vê-lo daquela forma me fez perceber que ele não é invencível. Isso realmente me abalou".
- Faça um pacto de honestidade consigo mesmo. Não minta sobre seu passado, mesmo em relação a coisas vergonhosas que você disse ou fez, e não exagere ou aumente momentos sem brilho para torná-los mais interessantes. Assumir seu passado torna você mais forte, mais acessível e mais fácil de se relacionar. Ser capaz de admitir que você esteve errado e que falhou te ajudará a desenvolver conexões mais profundas.

EXPANDA SUA ALDEIA

Quando Lara deixou o cargo de CEO na Índia e fundou a Work Coherence, foi amplamente incentivada por seu conselho pessoal de diretores e por centenas de pessoas que integravam as aldeias que ela havia construído ao redor do mundo. Em cada país e empresa por onde passou, Lara conheceu novas pessoas e enxergou nelas um potencial que, muitas vezes, nem elas mesmas reconheciam. Muitas dessas pessoas alcançaram o sucesso graças às oportunidades que ela proporcionou, à orientação que ofereceu e ao apoio que nunca faltou. Por isso, quando decidiu empreender, todas estavam prontas para ajudá-la: indicaram clientes, ofereceram recursos e celebraram sua nova etapa.

"Foi incrível", relata ela. "Eles estavam tão entusiasmados com o que eu estava fazendo. Queriam, tanto quanto eu, que todos vivessem uma vida coerente e com propósito."

Para expandir sua própria aldeia, comece observando o que torna as pessoas únicas e reflita sobre como vocês podem se ajudar mutuamente. Que habilidades, talentos, perspectivas ou experiências você possui que podem enriquecer a vida do outro? E o que os outros podem acrescentar à sua? Nunca subestime o impacto que suas ações ou palavras podem ter. Você pode ser o mentor ou a referência que alguém precisa no momento certo. Pode ser aquela presença transformadora que muda não apenas uma vida, mas muitas.

Uma forma simples de iniciar esse processo é escolher duas pessoas que você gostaria de incluir em sua aldeia e se comprometer a desenvolver um relacionamento com elas ao longo do próximo ano. Escolha alguém que represente uma afinidade com seus valores, interesses ou paixões — uma pessoa de quem você admira o caráter ou o percurso e com quem gostaria de estreitar laços. A segunda escolha pode ser alguém que se beneficiaria com a sua presença: um familiar, um amigo antigo com quem perdeu o contato, um idoso que precise de companhia, ou mesmo alguém a quem você possa orientar com generosidade.

Seu objetivo é investir de maneira genuína nesses vínculos, fazendo com que cresçam e floresçam. Ao fazer isso, você enriquecerá não apenas a vida dos outros, mas também a sua. Toda vez que damos algo, algo nos é devolvido — ainda que seja apenas o prazer silencioso de saber que fizemos a diferença. Pesquisas científicas mostram que o altruísmo ativa áreas do cérebro associadas ao prazer. Em outras palavras, dar também é receber.

Todos já experimentamos a alegria de oferecer algo sem esperar retorno, mas dois de meus clientes me mostraram o quão extraordinários podem ser os frutos disso. Durante meu estágio, trabalhei em um dos maiores centros de aconselhamento de Alberta, onde os atendimentos tinham valores ajustáveis conforme a capacidade financeira dos clientes. A diversidade de histórias e origens das pessoas que atendi me fez ver, de maneira ainda mais concreta, a importância da saúde mental. Aquela experiência me tornou uma defensora convicta da ideia de que o acesso ao aconselhamento psicológico deve estar ao alcance de todos.

Quando abri minha clínica particular, reservei algumas sessões semanais para oferecer atendimento com valor reduzido. Clientes com quem eu havia trabalhado no centro começaram a me procurar, perguntando o valor da minha consulta privada. Embora eu não pudesse oferecer o mesmo desconto de antes, consegui estabelecer uma tarifa acessível — uma fração do meu valor integral.

Se essa história soa como puro altruísmo, é porque ainda não contei tudo.

No início, eu também pensava assim: que era minha forma de retribuir, de colocar em prática o que acredito — que terapia é um direito de todos. Mas com o tempo ficou evidente que eu estava recebendo tanto quanto dava. Em várias sessões, fui profundamente tocada pelas histórias, pela coragem e pela transformação desses clientes. Não há dúvida de que foram eles que mais contribuíram para o meu crescimento. Eles me inspiraram a ser uma pessoa melhor. Mostraram até onde o ser humano pode chegar. Revelaram, com força e delicadeza, que a mudança é possível, que o futuro sempre reserva possibilidades — não importa o passado. A eles, serei eternamente grata.

Ao desenvolver seus próprios relacionamentos, você perceberá que os papéis de quem dá e de quem recebe frequentemente se alternam. Aquela pessoa a quem você decidiu ajudar pode, de forma inesperada, ser justamente quem lhe oferece o maior apoio. E aquela figura que você se esforça por imitar talvez aprenda algo essencial com você. Por isso, evite fixar rótulos: não limite a si mesmo nem aos outros a um único papel. Em uma mesma relação, você pode ser doador e receptor, mestre e aprendiz, líder e colaborador. E é justamente essa troca que torna os vínculos mais verdadeiros e transformadores.

CAPÍTULO 8

NAVEGANDO ENTRE AS DIFERENÇAS DE COMPATIBILIDADE

Quando minha cliente Beth estava rolando o *feed* do Instagram e viu uma foto de sua amiga Janice ao lado de uma ex-colega de trabalho que ela detestava, ficou em choque.

"Eu sabia que a Janice ia para a Patagônia com alguns amigos, mas não sabia que a Tiffany estava entre eles", disse. "Na verdade, eu nem sabia que elas se conheciam."

Beth logo soube que Janice e Tiffany haviam se conhecido enquanto trabalhavam como voluntárias em uma reserva natural na Costa Rica. Quando souberam dos esforços de conservação ecológica na Patagônia, decidiram fazer a viagem juntas.

"Janice é uma das pessoas mais gentis que eu conheço", comentou Beth. "E Tiffany é uma das mais rudes. Como elas podem ser amigas?"

"Janice já te contou o que aprecia na Tiffany?", perguntei.

"Essa é a parte mais absurda. A pessoa que ela descreveu não tem nada a ver com a Tiffany que eu conheci."

Beth e eu vínhamos conversando sobre os elementos que tornam as pessoas compatíveis. Perguntei, então, o que ela e Janice tinham em comum.

"Com certeza temos bastante sintonia. A família é muito importante para nós duas, e ambas somos vegetarianas, engajadas num estilo de vida sustentável."

Ela acrescentou que compartilhavam um modo semelhante de se conectar com os outros, sintonizadas emocionalmente uma com a outra.

Ter valores comuns e estilos de conexão semelhantes favorece vínculos fortes — assim como a sintonia afetiva. Mas ainda não havíamos abordado um fator essencial: as crenças fundamentais. São as convicções profundas que nutrimos sobre nós mesmos, sobre os outros e sobre o mundo — e que moldam a forma como interpretamos a realidade.

"Você encara a vida como uma aventura ou mais como uma questão de sobrevivência?", perguntei.

"Até agora, minha vida tem sido pura sobrevivência", respondeu ela, rindo. "Não sobrou muito tempo para aventuras. Pelo menos não das divertidas."

"E quanto à Janice? Isso se aplica a ela também?"

"De jeito nenhum", disse Beth. "A Janice sempre acredita que tudo vai dar certo. E, de algum modo, geralmente dá."

Ao ouvi-la, pensei na minha irmã Roberta, que tem uma visão de mundo extremamente otimista e sempre enxerga o copo meio cheio.

"E a Tiffany?", perguntei. "Ela pensa da mesma forma?"

Beth olhou para o teto, como quem tenta recuperar uma memória. "Na verdade, acho que sim. Quando definíamos metas para um projeto, ela sempre nos incentivava a ir além e dizia coisas como 'confia no universo'. E eu ficava aflita, achando que ela ignorava os riscos."

Beth tinha como crença fundamental que o mundo não é um lugar seguro — é um ambiente onde se sobrevive. Isso moldava sua visão de mundo: para ela, as pessoas são perigosas, não se deve confiar demais, e o medo é legítimo porque coisas ruins acontecem. Já sua amiga Janice acreditava que o mundo é essencialmente bom — um espaço onde se pode florescer. Para ela, as pessoas são confiáveis, e, mesmo que as coisas se compliquem, tudo tende a se resolver.

As crenças fundamentais de Beth e Tiffany eram diametralmente opostas, o que tornava difícil a convivência entre elas. Por outro lado, Janice e Tiffany compartilhavam uma mesma disposição para a aventura, viam o mundo como um lugar acolhedor e confiavam nas pessoas com facilidade — o que fortalecia sua amizade. Beth sentia uma pontada de inveja por essa conexão, embora não desejasse fazer parte daquele círculo. De sua perspectiva, havia riscos reais que Janice ignorava, e ela não se sentia à vontade em se expor a situações que considerava perigosas.

Como essas crenças fundamentais estruturam nossa visão de mundo, não se trata de quem está certa ou errada. Beth e Janice apenas enxergam a realidade de formas diferentes. A amizade entre elas resistiu por muitos anos, o que mostra que divergências de crenças fundamentais não precisam ser obstáculos intransponíveis. A chave está em cultivar e aprofundar relacionamentos com base nas afinidades compartilhadas e aprender a navegar, com respeito, pelas diferenças.

COMPONENTES DE COMPATIBILIDADE

Diversos fatores contribuem para a compatibilidade em um relacionamento, mas três se destacam como principais: crenças fundamentais, sintonia emocional e estilos de apego. Compartilhar esses aspectos pode tornar a convivência mais harmoniosa e fortalecer os vínculos. No entanto, não raramente, são justamente as diferenças — quando acolhidas com respeito e curiosidade — que conferem profundidade, dinamismo e riqueza aos relacionamentos.

- **Crenças fundamentais:** as crenças fundamentais são essenciais para a forma como você encara o mundo — sua visão de mundo. Essas "verdades" profundamente enraizadas determinam como você experimenta a realidade. As crenças fundamentais orientam suas escolhas e comportamentos, e influenciam fortemente como você percebe a si mesmo, os outros e cada aspecto da vida.
- **Sintonia:** a sintonia é a capacidade de "ver" emocionalmente alguém.

- **Estilos de apego:** formados na infância, os estilos de apego refletem a maneira como você foi amado nos primeiros anos de vida e afetam todos os seus relacionamentos adultos.

Quando nos damos bem com alguém, muitas vezes é porque alguns dos nossos componentes de compatibilidade estão alinhados. Quando não nos damos bem com alguém, podemos tentar identificar quais componentes não são compatíveis, e, a partir disso, encontrar um meio-termo.

VOCÊS ENXERGAM O MUNDO DA MESMA FORMA?

Quando Beth percebeu que Janice e Tiffany compartilhavam crenças fundamentais semelhantes, inclusive na forma como viam o mundo, ela finalmente entendeu por que eram amigas. Em vez de sentir inveja, decidiu aprofundar seu próprio relacionamento com Janice e convidou a família dela para a casa de férias que haviam alugado.

No primeiro dia da visita, "os rapazes" foram pescar, enquanto Beth e Janice reservaram o dia para colocar a conversa em dia. Era exatamente o tipo de conexão que Beth esperava e, quando se despediram à noite, ela sentiu que a sintonia entre elas permanecia a mesma desde os tempos de faculdade.

No dia seguinte, enquanto seus maridos jogavam golfe, Beth e Janice levaram seus filhos de 10 anos para a cidade. Depois de passarem por algumas lojas, ficou claro que a ideia de diversão das mães não coincidia com a dos meninos.

"Vamos deixá-los explorar", disse Janice. "O que pode acontecer em Lake Placid?"

Beth não era uma mãe superprotetora, mas gostava de saber onde Todd estava e o que fazia. Ela acreditava que as crianças precisavam de certa supervisão e orientação, e que era seu dever garantir isso. Já Janice acreditava que as crianças deveriam ter liberdade para explorar. Em resumo, Beth e Janice foram criadas de modos diferentes e estavam criando seus filhos conforme suas próprias experiências. Após alguns momentos de negociação tensa, chegaram a um acordo: os meninos poderiam explorar, mas somente na rua principal, e deveriam se encontrar na livraria em uma hora.

Quando Beth me contou essa história, disse que esteve nervosa o tempo todo. Nunca deixaria seu filho vagar sem supervisão adulta, e não era ingênua a ponto de acreditar que coisas ruins não acontecem em cidades pequenas. Naquela noite, Beth confidenciou a Janice como se sentira.

"Eu sei que é uma cidade pequena, mas as crianças podem se meter em encrenca em qualquer lugar", disse.

"Encrenca é como as crianças aprendem", respondeu Janice.

"É verdade, mas alguns erros não têm volta, como ser atropelado por um carro."

"Ninguém estava indo a mais de cinco quilômetros por hora", riu Janice.

Beth sabia que deveria mudar de assunto, mas ser ridicularizada a fez insistir.

"Tudo bem. Mas outras coisas ruins poderiam ter acontecido. Na semana passada, um garoto da idade do Todd quase foi sequestrado a caminho da escola, em um bairro muito seguro."

"Meu Deus, você anda assistindo a noticiários demais", retrucou Janice. "Coisas ruins acontecem o tempo todo. Você pode deixar o medo controlar sua vida, mas eu não vou deixar que controle a minha."

Claramente, elas não chegariam a um consenso sobre a maneira certa de criar filhos, então mudaram de assunto e combinaram que, na próxima vez, se encontrariam só as duas.

Quando um relacionamento enfrenta um obstáculo, às vezes basta descobrir o que está por trás dele para suavizar o caminho. Se perceber que você e seu amigo têm visões conflitantes sobre criação de filhos, podem remodelar a relação para que as crianças fiquem fora dessa equação. Se você tem um colega de trabalho que te irrita, pode fazer um esforço sincero para identificar os fatores subjacentes. Vocês têm visões de mundo diferentes? Você se sente ignorado ou "invisível" ao interagir com essa pessoa? Não há como melhorar um relacionamento sem identificar a raiz do problema e tentar entender o ponto de vista do outro.

Quando nos esforçamos para compreender, mudamos a forma de enxergar as pessoas e fica mais fácil separar os comportamentos que não gostamos do indivíduo em si. Beth, por exemplo, não detestava Tiffany de fato; detestava como se sentia quando Tiffany a pressionava por metas que estavam fora de sua zona de conforto.

As crenças fundamentais são ideias que consideramos "certas" e "verdadeiras" e moldam a forma como interpretamos situações, circunstâncias e atitudes alheias. O importante é lembrar que essas crenças não são efetivamente certas ou erradas. Podemos melhorar os relacionamentos com pessoas que têm crenças diferentes quando entendemos que suas "verdades" foram formadas por sua criação e experiências, assim como as nossas foram.

Se estiver tendo dificuldade em aceitar as crenças fundamentais de alguém, coloque-se no lugar dessa pessoa e imagine quais seriam suas crenças se tivesse nascido na família dela. O que é considerado bom e certo em um contexto pode ser visto como errado ou ruim em outro.

Por exemplo:

- Crenças e normas sobre casamento e divórcio variam ao redor do mundo. Em alguns lugares, os adolescentes são encorajados a namorar e ter relações sexuais antes de se casarem para que estejam prontos e escolham um bom parceiro. Em outros lugares, os casamentos são arranjados; nesses casos, espera-se que as noivas sejam virgens, e o divórcio não é uma opção. A crença fundamental nessas sociedades é que o casamento dura para sempre e as pessoas têm que fazer dar certo ou sofrer as consequências. Em outras sociedades, se o casamento não lhe traz felicidade, é perfeitamente aceitável terminar a união e seguir em frente.
- Em alguns lugares, incluindo a América do Norte, uma vez que os filhos se tornam adultos, espera-se que saiam da casa

dos pais e arranjem uma residência própria. Em outros lugares, como em países da América Latina, os filhos frequentemente moram com seus pais até seus vinte e poucos anos ou até se casarem.

- Se acredita no ascetismo, você vive de forma simples e pratica a abstinência. Mas, se abraça o valor ocidental de que "só se vive uma vez" (YOLO ou "You only live once", em inglês), você quer aproveitar ao máximo a vida.

Nossas crenças fundamentais se formaram quando éramos crianças, por isso não é incomum crescermos acreditando nelas como verdades absolutas, sem questioná-las. Contudo, ao nos tornarmos adultos, essas crenças podem exercer tanto poder sobre nossa percepção que acabam prejudicando nossa capacidade de construir relacionamentos felizes e saudáveis. Por isso, é fundamental explorar e questionar essas "verdades" de tempos em tempos, para avaliar se elas não estão limitando seus relacionamentos ou sua satisfação com a vida.

Albert Einstein disse: "A decisão mais importante que tomamos é se acreditamos que vivemos em um universo amigável ou hostil". Imagine que as pessoas que veem o mundo como amigável estejam usando óculos com lentes douradas, enquanto aquelas que o enxergam como hostil usem lentes cinzentas. Agora imagine que cada grupo tenha usado esses óculos desde os 3 anos de idade. Naturalmente, a forma como eles veem o mundo torna-se a sua realidade. A visão de mundo funciona exatamente como esses óculos, filtrando e colorindo tudo o que observamos e experimentamos. Quem usa os óculos dourados enxerga possibilidades, beleza e bênçãos mesmo nas dificuldades; quem usa os cinzentos percebe perigos, riscos e desafios em todos os lugares.

Eu pude vivenciar os efeitos desses extremos quando fiz uma viagem de três semanas pelo chamado "triângulo dourado" da Índia, com minha amiga Lucimar. Havia cerca de uma dúzia de pessoas no grupo turístico, e uma delas, por coincidência, era a mãe de uma amiga minha, que conheci enquanto esperávamos para embarcar no voo.

"Isso é tudo de bom..." disse Sonia, sorrindo de orelha a orelha, enquanto comentávamos os lugares que iríamos visitar.

Realmente, a viagem era maravilhosa, e eu estava animada para conhecer a Índia pela primeira vez, acompanhada da minha amiga. No entanto, enquanto estávamos na fila para embarcar, não pude deixar de notar que o casal atrás de nós parecia completamente desconfortável. Enquanto Sonia conversava com uma amiga, exaltando o quanto a viagem era incrível e empolgante, você jamais imaginaria que aquele casal estava indo para o mesmo destino. Eles — chamarei de Bill e Karen — reclamavam do tempo que o voo duraria, preocupavam-se se conseguiriam digerir a comida indiana e discutiam quais alimentos seriam seguros para comer. De repente, eu também comecei a me preocupar. Mas não com o voo ou a comida.

Por favor, que meu assento não seja ao lado deles, pensei.

Felizmente, essa prece foi atendida. Vinte e poucas horas depois, após dois voos e uma longa escala, pousamos em Nova Delhi, onde, para minha surpresa, comecei a entender a razão da preocupação de Bill e Karen. Eu estava preparada para sair do avião, mas não para a multidão no aeroporto. Nunca tinha visto tanta gente aglomerada na vida. Descobri depois que o Aeroporto Internacional Indira Gandhi é o mais movimentado da Ásia e, na época, o segundo mais movimentado do mundo. Embora moderno e com ar-condicionado, isso não foi suficiente para aliviar a crise de claustrofobia que senti. Além disso, a avalanche de sons, cheiros e imagens desconhecidas só agravava minha sensação.

Precisei parar um instante, fechar os olhos e buscar meu "lugar feliz" interior. Após longos e lentos suspiros, consegui me acalmar o suficiente para me enfiar na multidão e deixar que ela me conduzisse até a área de retirada de bagagens, que eu imaginava ser menos lotada. Engano meu: havia tanta gente perto do carrossel que minha mala laranja passou duas vezes antes que eu conseguisse me espremer para pegá-la.

Finalmente, com a mala em mãos, saí e me juntei ao grupo, que esperava para embarcar no ônibus rumo ao hotel. O calor era intenso, e precisei de um minuto para recuperar o fôlego.

Só respire fundo... Como alguém pode sobreviver a esse calor?, pensei.

"Isso é tudo de bom..." ouvi Sonia dizer atrás de mim, com seu sorriso radiante. Lembrei que estava ali para ver e experimentar coisas novas, e era exatamente isso que estava acontecendo.

A aventura continuou no ônibus. Centenas de motoristas buzinavam simultaneamente; se existiam leis de trânsito, ninguém as respeitava. Havia tantas buzinas que mal conseguia ouvir Lucimar, mesmo com as janelas fechadas e ela sentada ao meu lado. Era um milagre alguém conseguir chegar a algum lugar, mas, finalmente, chegamos ao hotel inteiras.

No dia seguinte, quando Lucimar e eu fomos tomar café da manhã, Sonia já estava lá, com o mesmo sorriso vibrante.

"Bom dia!", disse ela, mergulhando um *dosa* — crepe feito de lentilhas — em um pote de *chutney*. "Isso é tudo de bom..."

Tive que rir sozinha ao ver, algumas mesas adiante, Bill e Karen dividindo um suco de tomate, tentando decidir se algo do cardápio era seguro para eles.

Nos dias seguintes, percebi que, fosse visitando o magnífico Taj Mahal ou simplesmente saboreando mangas maduras ao sol, o comportamento de Sonia permanecia o mesmo. Para ela, tanto o palácio quanto a fruta eram "tudo de bom". E sua atitude era contagiante: em pouco tempo, eu mesma me pegava dizendo "isso é tudo de bom".

Enquanto isso, Bill e Karen reclamavam do tanto que caminhamos no palácio e das dores nos pés. Não provaram as mangas, embora a casca estivesse intacta, pois não estavam na lista dos alimentos "seguros". Perguntava-me por que tinham ido para a Índia: seriam sempre assim, ou a viagem estava trazendo à tona o pior deles?

Um dia, após visitarmos o palácio Hawa Mahal, nosso ônibus nos levou de volta ao hotel para uma tarde de descanso. Porém, Sonia, Lucimar e eu decidimos visitar as joalherias, pois esmeraldas e safiras são muito mais baratas na Índia. No meio de um cruzamento movimentado em Jaipur, saímos do ar-condicionado do ônibus e enfrentamos o calor escaldante e o barulho ensurdecedor das buzinas, conseguindo chegar à calçada sem sermos atropeladas. Costuramos entre a multidão e visitamos dezenas de lojas, até que cada uma de nós encontrou o que queria e negociou os preços até ficar satisfeita.

"Isso é tudo de bom..." repetiu Sonia, enquanto saíamos vitoriosas.

Já escuro, e sem comer desde o café, não falávamos nem entendíamos nada dos idiomas locais. Os cardápios pendurados fora dos restaurantes eram um mistério, e os vendedores que falavam inglês tinham sotaques tão carregados que não entendíamos. Cobertas de poeira e quase desmaiando de fome, avistamos um quiosque que vendia bananas. Compramos dois cachos grandes e devoramos tudo. Ao terminar, estávamos tão eufóricas que começamos a rir incontrolavelmente, dizendo "isso é tudo de bom" mesmo sem saber onde estávamos ou como voltar ao hotel.

Descobrimos que a única forma de retornar era contratando um *tuk-tuk*, um riquixá motorizado. Enquanto embarcávamos, rindo e usando nossos "óculos dourados", entreguei ao motorista um papel com o nome e endereço do hotel. Ele assentiu, falou algo em hindi, e partimos. A viagem foi longa e acidentada, e nos perguntávamos o tempo todo se estávamos indo para o lugar certo. Mas isso pouco importava: estávamos em êxtase, embaladas pelo espírito do "isso é tudo de bom". Quando finalmente paramos em frente ao nosso hotel luxuoso, ao lado de um Rolls-Royce e uma Lamborghini, o manobrista veio correndo, boquiaberto, e começamos a rir outra vez. Aparentemente, ninguém jamais havia chegado ao The Oberoi Rajvilas de *tuk-tuk*.

Quando Bill e Karen nos viram no saguão, nos cumprimentaram como se estivéssemos desaparecidas há dias. Foi gentil da parte deles estarem realmente preocupados, mas também era outro exemplo claro de como nossa visão de mundo determina o quanto nos sentimos seguros ou inseguros em diferentes situações. Enquanto eles discutiam se provavelmente nunca mais nos veriam, nós nos divertíamos horrores.

O que poderia ter sido uma experiência assustadora e um dos piores momentos da viagem se transformou em um dos dias mais divertidos e memoráveis, quase exclusivamente por causa do espírito otimista de Sonia, que nos levantava e impulsionava adiante.

Já se passaram anos desde essa viagem, mas toda vez que uso meu colar de safira as lembranças voltam junto com os sorrisos. É um lembrete emocionante de que a vida é tudo de bom, sim.

Relacionamentos com pessoas que compartilham sua visão de mundo podem ser mais fáceis de desenvolver e navegar, porque vocês veem a vida de maneira semelhante — seja com "óculos dourados" ou "cinzentos". Já os relacionamentos com quem enxerga o mundo por lentes diferentes podem exigir mais esforço, mas valem a pena. Se sua tendência é ver o mundo como hostil, ter pessoas ao seu redor que o percebem como amigável pode ajudar a inclinar sua visão para o positivo. Por outro lado, se você costuma enxergar o mundo como seguro, quem o vê como perigoso está sempre avaliando riscos e preparando planos de contingência. Ambas as visões são valiosas.

VOCÊS ESTÃO SINTONIZADOS COM OS SENTIMENTOS UNS DOS OUTROS?

Quando estamos emocionalmente sintonizados com alguém, reconhecemos, entendemos e somos capazes de simpatizar com o que estão passando. Isso é uma parte importante de todos os bons relacionamentos, mas é especialmente importante com amigos, pessoas com quem trabalhamos de perto e parceiros românticos. Se sentimos que alguém não nos "enxerga", é impossível desenvolver um relacionamento saudável com essa pessoa, e o mesmo vale para os outros quando *nós* não os vemos.

A sintonia é um componente essencial para criar uma conexão mais profunda e intimidade. Embora você possa ter um amigo ou parceiro que o entenda tão bem que raramente você precise explicar como está se sentindo, nem todos têm essa habilidade, e alguns precisam trabalhar muito para desenvolvê-la. A sintonia não é algo que podemos menosprezar — é possível amar alguém, mas não estar sintonizado com essa pessoa. Se valorizamos um relacionamento, cabe a nós perguntar frequentemente como o outro está e então acompanhar se suas palavras estão alinhadas com seus sentimentos. De certa forma, a sintonia é intangível: captamos uma vibração ou, de alguma forma, simplesmente sabemos que alguém não está se sentindo bem; mas, quer isso venha de forma natural ou não para você, é possível desenvolver sua capacidade de sintonizar com os outros prestando atenção neles e observando como o que você diz e faz os afeta.

Ser capaz de sintonizar com os outros não é necessário apenas para amizades e parcerias; também é importante no ambiente de trabalho. Se você está trabalhando com pessoas com as quais não tem sintonia, todos os dias podem ser desafiadores, especialmente se você:

- Está lidando com problemas difíceis em sua vida pessoal, como um divórcio, a morte de um membro da família ou doença, ou problemas com seus filhos.
- Tem necessidades especiais.
- Tem alguém em sua vida com necessidades especiais, como pais com demência ou um filho com diferença neurológica ou física.

Quanto mais desafios você enfrenta na vida pessoal, maior é a necessidade de apoio e compreensão dos colegas de trabalho. Quando estão sintonizados com você, eles entendem por que você desapareceu no meio do dia e se mostram mais flexíveis para fazer concessões. Mas, se não estiverem em sintonia, a vida pode se tornar muito mais difícil — especialmente se quem estiver fora de sintonia for seu chefe.

Minha cliente Robyn se viu exatamente nessa situação alguns meses após descobrir que seu filho era autista. Ela havia negociado um horário flexível para atender às necessidades de Ryan, mas, toda vez que saía do escritório mais cedo ou chegava atrasada, sua chefe fazia comentários irônicos, como: "Já trabalhou bastante por hoje?" ou "Que gentileza da sua parte aparecer". Para piorar, Deborah vivia se gabando do sucesso dos seus gêmeos, sem a menor ideia do impacto que isso causava em Robyn, que ainda tentava assimilar o diagnóstico do filho.

Robyn frequentava terapia para lidar com o luto e a ansiedade sobre o futuro de Ryan, e agora, com Deborah desrespeitando seu acordo de flexibilidade, a ansiedade dela estava nas alturas. Com o passar dos meses, o respeito de Robyn por Deborah foi diminuindo, pois ela se vangloriava dos gêmeos superdotados quase diariamente, sem nunca perguntar como Ryan estava.

"Ela é tão egocêntrica e encantada com os próprios filhos que nem sei se lembra que Ryan é autista", desabafou Robyn. "Outro dia, eu estava no refeitório contando a um colega que Ryan estava trabalhando com um terapeuta para aprender a controlar as emoções e reduzir as crises. Em certo momento, Deborah apareceu e ficou do meu lado até eu terminar de falar. E, em vez de comentar o que eu disse, ela só se gabou de que os filhos dela, de oito anos, tinham sido aceitos num programa para jovens superdotados. Que narcisista!"

Ao longo do trabalho terapêutico, Robyn começou a perceber que Deborah, na verdade, não agia contra ela intencionalmente. Era apenas uma mãe orgulhosa, exibindo o brilho dos próprios filhos.

"Eu sei que ela não está tentando me magoar", reconheceu Robyn, "mas como uma mãe de crianças tão inteligentes pode estar tão desconectada emocionalmente a ponto de nem perceber o quanto isso me afeta?"

Com o tempo, Robyn aprendeu a não levar o comportamento de Deborah para o lado pessoal e voltou seu olhar para si mesma, reconhecendo como, às vezes, também podia estar fora de sintonia com os sentimentos dos outros — especialmente quando se sentia sobrecarregada. Essa dinâmica a levou a se tornar muito mais consciente do poder de suas próprias palavras e atitudes.

"Eu meio que odeio admitir", contou, "mas, por causa de Deborah, faço questão de me sintonizar com o que as pessoas estão sentindo antes de falar qualquer coisa. Sempre penso em como minhas palavras podem afetar os outros antes de dizer algo."

Robyn poderia ter continuado a se sentir vítima da chefe, mas escolheu usar a falta de sintonia de Deborah como uma oportunidade de crescimento pessoal, tornando-se uma pessoa melhor.

VOCÊS SE CONECTAM DA MESMA FORMA?

Nossa autovalorização e a capacidade de confiar nos outros influenciam profundamente a forma como nos relacionamos com parceiros, familiares, amigos e colegas de trabalho. Os alicerces da autoestima e da confiança são formados na infância, o que significa que o modo como nos conectamos na vida adulta está intimamente ligado à forma como fomos criados.

Pesquisas indicam que cerca de 50% dos adultos sentem-se seguros ao se relacionar com outras pessoas[33]. Se você faz parte desse grupo, é provável que seus cuidadores tenham sido sensíveis às suas necessidades emocionais, proporcionando-lhe um senso consistente de segurança. Por outro lado, se você não se identifica com esse perfil, é possível que relações próximas ou íntimas lhe causem ansiedade, medo ou até mesmo evitação. Assim como no grupo "seguro", seu estilo de apego também foi profundamente moldado pela experiência de infância. No entanto, diferentemente daquele grupo, ele pode estar limitando a qualidade e profundidade de seus vínculos atuais.

O seu estilo de apego influencia diretamente sua capacidade de expressar com honestidade necessidades e desejos, suas atitudes em relação à sexualidade e à intimidade, sua forma de lidar com conflitos e sua visão sobre convivência afetiva. Estudos sobre estilos de apego em adultos, realizados em diferentes culturas e países, têm reiterado a existência de quatro padrões principais. Os quatro estilos são:

- Seguro
- Ansioso
- Evitativo
- Ansioso/evitativo (ambivalente ou desorganizado)

---

33 HAZAN, C.; SHAVER, P. R. Love and work: an attachment-theoretical perspective. *Journal of Personality and Social Psychology*, v. 59, n. 2, p. 270-280, 1990.

As dinâmicas dos relacionamentos são amplamente influenciadas pelos estilos de apego das pessoas envolvidas, então, se você estiver tendo dificuldades, considere se é porque vocês se conectam de maneiras diferentes. As descrições a seguir podem ajudá-lo a identificar o seu estilo de apego e os estilos das pessoas com as quais você interage.

Estilo de apego seguro

Cerca de 50% dos adultos no mundo têm um estilo de apego seguro.

Pessoas com estilo de apego seguro sentem-se à vontade para expressar emoções, confiam em amigos íntimos e parceiros, e se mostram abertas à intimidade emocional e física. Elas valorizam relacionamentos próximos, mas não dependem da aprovação alheia, pois já se percebem como merecedoras de afeto. Se você tem um estilo de apego seguro, provavelmente consegue se expressar com clareza e não se sente ameaçado por opiniões divergentes. Diante de um fracasso — mesmo que marcante —, você tende a se reerguer e seguir em frente sem deixar que a experiência abale seu senso de valor pessoal. Quando duas pessoas com estilos de apego seguro se relacionam, ambas podem ser autênticas e confiar uma na outra. Esses vínculos se constroem sobre bases sólidas de honestidade, aceitação e conexão emocional.

Estilo de apego ansioso

Cerca de 20% da população adulta no mundo tem um estilo de apego ansioso.

As pessoas com um estilo de apego ansioso tendem a ter uma visão positiva de seus parceiros e amigos, mas uma visão negativa de si mesmas. Elas frequentemente veem as outras pessoas em seus relacionamentos como suas "melhores metades" e podem ter a preocupação de que elas as deixem ou terminem a amizade. Por medo de serem rejeitadas e abandonadas, podem se tornar carentes e agarradas, adicionando tensão ao relacionamento e muitas vezes testando seus limites. As pessoas com esse estilo de apego desejam intimidade, mas, não importa quanto amor seu parceiro e amigos lhes deem, nunca é o suficiente para preencher o vazio criado em sua infância. A criação que tiveram lhes deu a predisposição a serem desconfiadas, suspeitas e a rapidamente se sentirem ofendidas.

Estilo de apego evitativo

Cerca de 25% da população adulta no mundo tem um estilo de apego evitativo.

Pessoas com estilo de apego evitativo enfrentam dificuldades para estabelecer amizades profundas e relacionamentos íntimos, pois entram em conflito com sua forte necessidade de independência e autonomia. Esses "lobos solitários" costumam ter boa autoestima e valorizam a autossuficiência, mas frequentemente vivenciam uma tensão interna entre o desejo de proximidade e o impulso de evitá-la. Têm receio da intimidade porque não a experimentaram de forma segura na infância. Como consequência, preferem manter-se emocionalmente fortes e autônomos, evitam depender dos outros e relutam em permitir que os outros dependam deles. Costumam não se importar com a opinião alheia, raramente pedem ajuda e escondem os próprios sentimentos para evitar vulnerabilidade. Ainda assim, uma conexão amorosa genuína é, muitas vezes, o que mais desejam — embora temam as exigências que ela pode trazer. Dado que vínculos afetivos sólidos e próximos estão associados a vidas mais longas e felizes, é recomendável que pessoas com esse estilo de apego trabalhem para se sentirem mais à vontade com a intimidade e com a construção de relacionamentos significativos.

Estilo de apego ansioso/evitativo (ambivalente ou desorganizado)

Cerca de 5% da população adulta no mundo tem um estilo de apego ambivalente.

Pessoas cujo estilo é uma combinação de ansioso e evitativo querem relacionamentos próximos e íntimos, mas, como têm dificuldade em confiar nos outros, criar essa proximidade pode ser muito complicado. Elas querem amar e ser amadas, mas têm medo da intimidade e da vulnerabilidade, então tendem a evitar relacionamentos próximos para se protegerem de se decepcionar ou se machucar. Pessoas com esse estilo de apego muitas vezes foram criadas por cuidadores que não conseguiram fornecer o conforto e o acalento de que elas precisavam. Em vez de serem uma base segura, os cuidadores foram uma fonte de angústia. Nessas famílias, geralmente um ou ambos os pais apresentavam um comportamento instável, que variava desde estar indisponível, ansioso ou incerto quando o filho precisava deles até ser emocional ou fisicamente abusivo.

Combinações de estilos de apego

Quando os estilos de apego das pessoas são compatíveis, os relacionamentos podem ser relativamente fáceis de criar e desenvolver. Quando não são compatíveis, ainda podem ser satisfatórios se ambos estiverem dispostos a trabalhar um pouco.

Estilo seguro com estilo ansioso ou estilo evitativo

Pessoas com estilo de apego seguro podem estar em relacionamentos com pessoas que têm estilos ansioso ou evitativo, o que exige mais trabalho do que desenvolver um relacionamento com alguém que também tem um estilo seguro.

Pessoas com estilo seguro desejam relacionamentos próximos, mas pessoas com estilo evitativo não se permitem muito envolvimento.

Esse comportamento geralmente é motivado pelo medo de rejeição ou abandono. Quando alguém com estilo evitativo percebe que está se aproximando de alguém, é mais provável se afastar ou se desconectar do que arriscar a intimidade.

Pessoas com estilo ansioso também temem ser rejeitadas e abandonadas, mas, em vez de se afastarem, seu medo as motiva a serem pegajosas e a precisarem de validação e tranquilização constantes.

Estilo ansioso com estilo evitativo

Se uma pessoa tem estilo ansioso e a outra tem estilo evitativo, elas têm necessidades opostas.

O ansioso precisa de proximidade e intimidade, e pressiona para que essas necessidades sejam atendidas, mas o evitativo se sente sufocado por essas tentativas e tende a se distanciar ainda mais. Quando o evitativo se afasta, o ansioso se sente ainda mais rejeitado. Como resultado, o medo de abandono se ativa nele, que tenta se aproximar ainda mais de seu parceiro ou amigo evitativo que, por consequência, reage com mais afastamento. Isso perpetua um ciclo negativo, com as ações de cada um dos envolvidos resultando no oposto do que estão tentando alcançar.

Para que esse relacionamento funcione, ambas as pessoas precisam aprender a interpretar as ações uma da outra como consequência de seu estilo de apego. Elas também podem praticar não levar as ações do outro para o lado pessoal e serem menos reativas.

Estilo ansioso com estilo ansioso

Se ambas as pessoas em um relacionamento têm estilo de apego ansioso, ambas desejam proximidade e intimidade, então elas podem sentir que finalmente encontraram a alma gêmea ou “a pessoa certa”, e se apegam muito depressa. Em relacionamentos românticos, é difícil não encontrar a felicidade, mas também pode ser difícil sustentá-la, porque pessoas com esse estilo têm dificuldade em lidar com o ciúme que sentem quando seu parceiro mostra interesse por outras pessoas ou até mesmo por hobbies ou passatempos. Se fosse num filme, essa combinação romântica seria retratada com discussões explosivas seguidas por reconciliações intensas.

Estilo evitativo com estilo evitativo

Duas pessoas com estilo evitativo estão dispostas a discutir qualquer tópico em profundidade, exceto suas emoções e necessidades pessoais. Sejam amigos ou parceiros, geralmente não têm amigos em comum e possuem uma variedade de interesses ou passatempos separados. Um relacionamento entre pessoas com estilo de apego evitativo pode funcionar bem porque ambas desejam autonomia e espaço, e nenhuma delas exige muito da outra. Se descobrirem que desejam mais proximidade emocional, podem trabalhar para aumentar seus níveis de confiança e praticar baixar a guarda para desenvolver laços emocionais mais profundos ao longo do tempo.

Estilo ambivalente com estilo ambivalente

Existem várias combinações de estilos entre pessoas com estilos ambivalentes, e cada uma apresenta desafios únicos, pois as pessoas envolvidas oscilam entre estar ansiosas e evitativas em diferentes situações e circunstâncias. Isso pode tornar a jornada um tanto turbulenta, mas os altos e baixos podem se tornar mais fáceis de superar se ambas as pessoas estiverem dispostas a trabalhar em si mesmas e investir no sucesso do relacionamento.

Para conviver nessa combinação, a pessoa com o estilo de apego mais seguro pode aumentar sua compreensão de como pessoas com estilo ansioso ou evitativo pensam e se sentem sobre relacionamentos. Aprender como foram criadas pode fornecer perspectivas úteis sobre seu comportamento e impedi-las de levar as coisas para o lado pessoal.

Se seu estilo é ansioso:

- Identifique seus temores sobre rejeição e abandono para que você possa começar a mudar comportamentos indesejados relacionados ao apego.

- Diga ao seu parceiro que, às vezes, você tem uma necessidade maior de reafirmação, reconhecimento ou amor.

Se seu estilo é evitativo:

- Identifique seus medos sobre intimidade, conexão e vulnerabilidade, e trabalhe em recolher-se menos quando seu parceiro, amigo ou membro da família tiver necessidades emocionais.
- Comunique-se honestamente. Diga à pessoa quando você se sentir sufocado e peça algumas horas ou um dia para regular suas emoções antes de voltarem a discutir ou abordar as necessidades dela.

Entender como os estilos de apego afetam suas interações pode ser útil para todos os seus relacionamentos, mas, não importa qual estilo você use, você pode se inclinar para um mais seguro ao se tornar mais autoconsciente e trabalhar o autodesenvolvimento. Isso ajudará você a reduzir a frequência e intensidade de comportamentos que podem tensionar os relacionamentos. Pessoas que não têm estilos de apego seguro também podem se tornar mais seguras quando estão em relacionamentos com aquelas que têm. Embora os estilos de apego, a sintonia e as crenças fundamentais afetem nossos relacionamentos, se nos comprometermos a encontrar um terreno comum e aprender a conviver com nossas diferenças, podemos desenvolver um relacionamento com praticamente qualquer pessoa.

CAPÍTULO 9

CAUSANDO UM IMPACTO DURADOURO

"Cada pessoa tem seu próprio propósito", afirma Brad Aronson, investidor-anjo, professor e autor de *HumanKind: Changing the World One Small Act at a Time* [Humanidade: mudando o mundo com pequenos gestos, em tradução livre]. "Para mim, é ser útil e tentar tornar a vida melhor para outras pessoas. Para outra pessoa, pode ser programação, porque é isso que ela ama fazer."

Brad avalia seu sucesso pelo quanto sua vida está alinhada ao seu propósito.

"Quando estou fazendo o que acredito que devo fazer e me divertindo, sei que estou alinhado com meu propósito. Isso significa ser um bom marido, um bom pai, um bom familiar, um bom amigo e um bom membro da comunidade." No entanto, ele ressalta que, dependendo das circunstâncias, nem todos conseguem seguir seu propósito assim que o descobrem. "Para algumas pessoas, seguir seu propósito pode ser algo que fazem fora do trabalho, porque têm responsabilidades ou obrigações que limitam suas opções, pelo menos temporariamente."

Idealmente, todos podemos encontrar uma maneira de perseguir nosso propósito e, ao mesmo tempo, garantir segurança financeira. Brad está comprometido em ajudar os jovens a alcançarem isso. Ele ensina empreendedorismo para jovens por meio da organização sem fins lucrativos Hopeworks, que atua na Filadélfia, Pensilvânia, e em Camden, Nova Jersey. A entidade utiliza educação, tecnologia e empreendedorismo para ajudar os jovens a terem sucesso na vida. Além de ensinar e orientar, Brad também faz parte do conselho da organização. Ele é também um apoiador ativo da Big Brothers Big Sisters.

"Adoro ensinar e ajudar os jovens a enxergarem oportunidades e encorajá-los", diz ele. "Ver jovens incríveis trabalhando duro e alcançando seu potencial me inspira."

Brad está vivendo seu *ikigai*: faz aquilo que ama, no que é bom e que o mundo precisa. Embora não receba compensação financeira pelo ensino, ele afirma que "as recompensas são muito maiores do que qualquer quantia em dinheiro". Esse tem sido um tema recorrente em sua vida. Quando se formou na faculdade, seu primeiro emprego foi como tutor residente em um lar coletivo para jovens superdotados de baixa renda. Ao aceitar a função, muitas pessoas disseram coisas como: "Depois de gastar todo aquele dinheiro na faculdade, você não deveria buscar outra coisa para fazer?".

"Eu não liguei para o que as pessoas pensavam", conta Brad. "Estava muito animado e feliz. Eu amava aquele trabalho. Talvez ainda seja meu emprego favorito. E é um exemplo perfeito de fazer o que eu queria, mesmo que isso não se alinhasse à definição de sucesso dos outros."

A ideia de fazer o que nos motiva é algo que Brad procura transmitir aos jovens que ensina.

"Acho que um grande desafio para as pessoas é diferenciar entre suas próprias métricas de sucesso e aquilo que acham que deveriam estar fazendo. Eu encorajo os alunos a definirem metas que realmente façam sentido para eles, em vez de perseguirem aquilo que lhes foi dito ser apropriado."

CAUSAR UM IMPACTO DURADOURO DEMANDA CORAGEM

Conhecer nosso *ikigai*, ou propósito, é uma coisa. Viver de acordo com ele é outra completamente diferente. Buscar aquilo que nos apaixona frequentemente exige coragem, assim como viver conforme nossos valores individuais, especialmente quando estes não coincidem com a definição de sucesso da sociedade ou da própria família. Mais uma vez, é nesse ponto que a liberdade de escolha se torna essencial. Podemos optar por viver como meros sobreviventes, fazendo apenas o necessário para nos sustentar, ou escolher viver com propósito, dedicando-nos ao que realmente consideramos significativo. Embora viver com propósito raramente seja o caminho mais fácil, pesquisas científicas e experiências pessoais indicam que é, sem dúvida, o caminho mais saudável e satisfatório.

Quando Brad abriu uma agência de publicidade digital alguns anos após se formar na faculdade, não faltaram pessoas que questionaram sua decisão. Em 1996, o marketing na internet ainda era uma novidade, muitas empresas sequer possuíam um site, e os poucos sites corporativos existentes eram extremamente básicos.

"Eu acreditava que a internet era o melhor espaço para marketing que eu já havia visto", explica Brad. "Por isso fundei a i-FRONTIER, para ajudar as empresas a aproveitarem o marketing online."

Como tudo relacionado à internet ainda era um território desconhecido, muita gente que ouviu o plano de Brad achou que ele deveria arranjar um emprego em alguma empresa consolidada. Felizmente, sua família e amigos próximos apoiaram sua escolha; e sua esposa, Mia, não apenas acreditou nele, como também aceitou um trabalho extra enquanto a empresa estava em crescimento, mas enfrentava dificuldades financeiras.

Existem muitos obstáculos quando escolhemos seguir nosso próprio caminho, especialmente a resistência alheia. Por isso, ter uma "aldeia" — isto é, um grupo de pessoas que acredita em nossa visão e está disposta a nos apoiar — é fundamental. Uma aldeia forte e conectada ajuda a superar obstáculos, encoraja quando a curva de aprendizado é íngreme e apoia as mudanças que estamos fazendo. Mudar pode ser assustador, mas, quando se tem essa rede de apoio ao lado, o risco se torna um pouco mais fácil de assumir. Como disse Georg C. Lichtenberg, físico do século XVIII: "Eu não sei dizer se as coisas vão melhorar se mudarmos; o que sei é que elas devem mudar se quisermos que melhorem".

Se permitirmos que o medo nos paralise — seja o medo do fracasso, da rejeição, do julgamento ou qualquer outra coisa — estaremos abrindo mão da liberdade de causar o impacto que desejamos. Da próxima vez que pensar "e se eu falhar?", desafie-se com a pergunta: "e se eu alçar voo?". Se você não assumir os riscos que podem levar a uma vida mais feliz e significativa, pode estar se conformando com uma existência limitada e infeliz. Ao fazer mudanças alinhadas ao seu propósito e valores, estará, na verdade, dando a si mesmo a oportunidade de criar asas.

Exemplos de mudanças arriscadas que vejo os clientes fazendo em busca de vidas com mais sentido:

- Mudar de carreira.
- Ter um filho. Ou um segundo. Ou um terceiro...
- Retomar um hobby favorito.
- Voltar para a escola.
- Investir em uma iniciativa importante para eles.
- Viajar.
- Reinventar-se:
  - focando os três pilares da saúde: nutrição, exercício, sono;
  - abrindo mão de um relacionamento que o aprisiona;
  - reatando relacionamentos com antigos amigos;
  - mudando-se para outra casa ou localidade.

Cada mudança que fazemos exige esforço, e algumas são particularmente desafiadoras e até dolorosas. No entanto, quando temos clareza sobre a diferença que desejamos promover e estamos dispostos a fazer mudanças para alcançar essa visão, o sofrimento e as dificuldades tornam-se mais toleráveis, pois conhecemos o nosso "porquê". Em *Em busca de sentido*, Viktor Frankl afirma: "Não há nada no mundo, arrisco dizer, que ajude tão efetivamente alguém a sobreviver, mesmo nas piores condições, como o conhecimento de que há um sentido na vida".

Encontrar sentido é importante independentemente do que busquemos; contudo, quando almejamos objetivos elevados, o sentido torna-se essencial, pois estaremos destinados a enfrentar batalhas difíceis e provavelmente não venceremos todas elas.

Quando minha cliente Felicia sofreu um ataque cardíaco aos trinta e poucos anos, o caminho para a recuperação parecia longo e assustador, e ela duvidava de sua capacidade para enfrentá-lo. Para agravar a situação, as três semanas de recuperação lhe deram tempo de sobra para perceber o quanto detestava seu emprego.

"Quando penso em voltar ao trabalho, começo a suar e meu coração dispara", disse ela. "Os cheques do seguro-desemprego não serão suficientes para me sustentar. Já fiz as contas. Mas não acho que consigo seguir todas as recomendações do meu médico se continuar no trabalho de TI."

Nas semanas seguintes, ajudei Felicia a esclarecer seus valores e propósito. Durante esse período, ela também adotou a dieta recomendada pelo médico, passou a se exercitar diariamente e começou a praticar meditação.

"Pensei que ia odiar tudo isso", contou ela. "Mas, quanto mais faço e leio sobre os benefícios para a saúde e longevidade, mais interessada fico. A ciência por trás dos conselhos do meu médico é realmente fascinante."

Ler e aprender sempre foram dois dos passatempos favoritos de Felicia. Ao descobrir como a nutrição, o exercício e a meditação promovem a saúde física e mental, ela ficou ainda mais fascinada. Quanto mais aprendia, mais perguntas surgiam. Até que, certo dia, ela encontrou uma resposta.

"Eu descobri!", disse ela no início da nossa sessão. "Sei qual é o meu propósito", sorriu, triunfante. "Vou voltar para a escola para me formar em nutrição. Estou tão animada que nem me importo de manter o mesmo emprego enquanto tiro meu diploma. Sei que posso ajudar outras pessoas com o que estou aprendendo, e isso significa muito para mim."

Felicia não descartou a possibilidade de buscar um novo emprego enquanto cursava nutrição, mas essa preocupação perdeu urgência, pois ela passou a enxergar seu sofrimento como parte do caminho para viver seu propósito.

Normalmente, sou eu quem compartilha descobertas científicas com os clientes, mas, nesse caso, foi Felicia quem mencionou um estudo.

"Vi uma pesquisa no *Journal of Psychosomatic Research* que mostrou que pessoas que têm direção e sentido na vida são menos impactadas pelo estresse e pelos acontecimentos da vida", disse ela. "Os pesquisadores acompanharam mais de novecentos adultos durante dez anos, e aqueles que afirmaram ter significado e propósito na vida apresentaram menos efeitos cumulativos do estresse."

Quando Felicia completou 35 anos, havia adotado um novo estilo de vida, conquistado um corpo saudável e aprendido a controlar seu estresse. O melhor de tudo: amava ser nutricionista e já fazia planos para abrir uma clínica. Nada disso teria acontecido se ela não tivesse tido coragem para fazer as mudanças necessárias.

Lidere com sua visão e valores

Enquanto Brad e sua equipe expandiam a i-FRONTIER, seus valores e visão para a empresa estavam alinhados.

"Nosso foco sempre foi cuidar da nossa equipe e encontrar as melhores formas de ajudar nossos clientes", diz ele. "Minha abordagem era contratar pessoas mais inteligentes do que eu e deixar o caminho livre."

A estratégia deu certo. Apenas sete anos depois de Brad fundar a i-FRONTIER, a empresa foi adquirida pela aQuantive. Ele continuou a administrá-la como uma divisão dentro da companhia maior. Na segunda-feira seguinte à assinatura do acordo, Brad reuniu sua equipe na área externa da empresa, anunciou a aquisição e respondeu a todas as perguntas. Logo após a reunião, sua assistente se aproximou dele.

"Acho que você deveria conferir sua caixa postal", avisou ela.

"Havia três mensagens, todas do meu avô", conta Brad. "Popop disse que comprou uma ação da aQuantive assim que o pregão abriu e, em seguida, ligou para o diretor financeiro para avisar que era acionista e queria ver as finanças da empresa."

Porém, a ligação caiu na caixa postal. Popop então tentou contatar outras pessoas da equipe financeira, mas ninguém atendeu, nem retornou as chamadas. Preocupado, pediu que Brad ligasse para ele imediatamente.

"Quando liguei, Popop disse: 'Como uma empresa consegue arranjar clientes se não atende o telefone às nove horas da manhã? Como vocês vão sobreviver? Dá para desistir do contrato?' Ele também me garantiu que continuaria telefonando até que alguém atendesse. O que Popop não sabia é que a empresa ficava no estado de Washington. Ele deixava mensagens para meus novos chefes às seis horas da manhã, no horário do Pacífico."

Brad ri ao contar essa história.

"Se você tem alguém como Popop cuidando de você, pode ficar tranquilo: tudo vai dar certo."

Estar cercado por pessoas que torcem pelo seu sucesso aumenta suas chances de conquistar seus objetivos. Além disso, construir e manter relacionamentos sólidos com quem compartilha seu desejo de se tornar melhor e viver uma vida com mais significado também economiza tempo e energia. Em vez de tentar obter a aprovação daqueles que não estão alinhados com sua visão ou convencer críticos céticos, você pode se focar em avançar consistentemente rumo aos seus objetivos.

Se você lidera uma equipe, é fundamental garantir que seus colegas estejam alinhados com sua visão e valores. Líderes eficazes sabem vender sua visão e conquistar o apoio de todos, pois compreendem que resultados muito maiores são possíveis quando todos compartilham um propósito comum e trabalham juntos.

Quando Brad fundou a i-FRONTIER, montou uma equipe tão inspirada quanto ele, empenhada em ajudar empresas a aproveitarem as novas oportunidades do marketing digital. Após a aquisição pela aQuantive, ele continuou liderando sua divisão com a mesma visão e valores. Quando a Microsoft comprou a empresa, aceitou com entusiasmo o cargo de diretor sênior de soluções para anunciantes e editores.

Depois de um ano e meio na Microsoft, Brad decidiu dedicar mais tempo ao ensino e ao trabalho voluntário. Saiu da empresa e realizou as mudanças necessárias para viver como investidor-anjo, apoiando *startups* — um papel que também está profundamente alinhado com seu propósito de tornar o mundo melhor para os outros.

É preciso uma aldeia para deixar um legado

Em 2014, Brad estava no auge de sua vida. Ele e Mia estavam felizes juntos, tinham um filho saudável de cinco anos e Brad estava fazendo o que amava todos os dias. Então, quando ouviu o médico de sua esposa dizer "Mia tem leucemia", sentiu como se seu mundo tivesse desabado de repente. Ele segurou o braço da cadeira e tentou absorver o que o médico estava dizendo.

Mia precisaria ficar internada por um mês para fazer quimioterapia, seguida de nove meses de tratamento ambulatorial intensivo. Depois, viria mais um ano e meio de quimioterapia de manutenção.

"Depois que o cronograma de tratamento foi definido", conta Brad, "os assistentes sociais nos garantiram que Jack, por ser tão pequeno, não ficaria ansioso nem perceberia que Mia estava menos presente, desde que eu assumisse todas as tarefas que ela costumava fazer e mantivesse uma atitude positiva." Ele balança a cabeça. "Eu estava determinado a fazer isso, mas não fazia ideia de como."

Felizmente, não precisou descobrir sozinho. A "aldeia" que ele havia construído ao longo da vida entrou em ação.

Seu irmão Rob e a esposa, Tippi, pesquisaram tudo o que pacientes de quimioterapia precisavam, compraram os itens da lista e lhe entregaram um enorme pacote de cuidados pouco antes da internação de Mia.

Um colega da diretoria da Big Brothers Big Sisters assumiu algumas tarefas de trabalho de Brad e ainda perguntou em que mais poderia ajudar.

Uma amiga de Mia a visitava quase toda semana, levando almoço e materiais para projetos de artesanato.

A prima de Brad e o marido ficaram com Jack em muitos finais de semana e até o levaram para férias com seus quatro filhos.

Outra amiga de Mia enviou um e-mail para Brad informando que havia inscrito Jack na liga júnior de beisebol, certificando-se de que ele fizesse parte de uma equipe com alguém que pudesse levá-lo e buscá-lo nos treinos e jogos.

Os pais de Brad e Mia passaram semanas cuidando de Jack, lavando suas roupas e mantendo uma atmosfera positiva.

Havia ainda uma longa lista de amigos prontos para buscar Jack na escola quando Brad estivesse no hospital ou acompanhando Mia durante as sessões de quimioterapia.

"Ninguém jamais mencionou uma única dificuldade logística", relembra Brad. "Todos diziam o quanto estavam felizes por termos pedido ajuda e por poderem ajudar."

Os membros dessa aldeia se mobilizaram quando Brad mais precisou.

"Eles viram cada rachadura na nossa armadura e se apressaram para preenchê-las", diz ele, lembrando a antiga tradição japonesa de reparar cerâmicas quebradas com ouro, tornando-as ainda mais belas. "Mesmo com Mia doente, nossas vidas ficaram mais bonitas pelo amor e apoio recebidos. Nos momentos mais sombrios, nunca estivemos realmente sozinhos. E sabemos que nunca estaremos."

Quando um psicólogo no hospital sugeriu que Brad, Mia e Jack começassem projetos para lhes dar propósito e algo positivo em que se concentrar, Brad soube imediatamente qual seria o seu. Enquanto Mia escrevia em seu diário diariamente e Jack se dedicava a treinar beisebol por duzentos dias seguidos, Brad começou a registrar histórias sobre as pessoas que estavam ajudando a família: amigos, parentes e até estranhos que, por meio de pequenos gestos, tornavam aquela crise mais suportável.

"Eu sabia que o mundo estava cheio de pessoas cujas histórias inspiradoras não apareciam nas notícias", diz Brad. "Então, comecei a procurar relatos online e pedi a todos que conhecia que me enviassem histórias de gente fazendo a diferença."

O projeto ganhou vida própria e Brad decidiu reunir aquelas histórias em um livro, incluindo também informações para que os leitores pudessem se envolver pessoalmente. *HumanKind: Changing the World One Small Act at a Time* foi lançado em abril de 2020, um mês após o início da pandemia de covid-19 e cerca de dois anos depois que Mia concluiu o tratamento.

Os heróis de *HumanKind*, assim como os da própria aldeia de Brad, são pessoas comuns que fazem o que podem para transformar vidas. Seus atos de bondade geram impacto real.

"Eles não apenas esperam que o mundo melhore", afirma Brad. "Eles deixam o mundo melhor."

Quando começou a coletar e compartilhar as histórias, Brad não imaginava que o livro se tornaria um best-seller nacional. Sabia apenas que gostava de contar histórias inspiradoras, que tinha talento para encontrá-las e que as pessoas se sentiam motivadas ao lê-las — algo alinhado ao seu propósito de ajudar os outros a terem vidas melhores.

Hoje, Mia está saudável, e o livro já vendeu mais de cem mil cópias, com todo o lucro revertido para a Hopeworks e para a Big Brothers Big Sisters. A revista *Forbes* o descreveu como "o livro mais inspirador e reconfortante dos últimos anos". A Associação de Editores de

Livros Independentes o escolheu como livro inspirador do ano, e ele ganhou o International Book Awards.

Além disso, o livro ajudou dezenas de organizações a arrecadar recursos e atrair novos voluntários. Um ato de bondade gerou outro, que gerou outro — cada voluntário e cada doação alimentando um círculo virtuoso do bem.

Sabemos que o abuso gera mais abuso, a violência gera mais violência e a guerra gera mais guerra. Mas também é verdade que o bem gera mais bem, ainda que tendamos a subestimar o poder desse ciclo positivo.

Imagine uma roda gigante girando, carregada de coisas boas. Cada vez que fazemos algo útil, a roda cresce. Ao alimentar esse círculo do bem, os efeitos multiplicam-se exponencialmente.

O objetivo de Brad não é apenas viver uma vida com sentido, mas ajudar outras pessoas a fazerem o que é importante para elas e a realizarem seu potencial.

"Não acho que esse tipo de compromisso seja obrigatório, e não penso mal de quem escolhe outro caminho", diz ele. "Mas, se quero que o mundo seja melhor, preciso agir. Mesmo que não possa mudar tudo, posso mudar a parte em que estou."

Não importa como escolhemos ajudar as pessoas da nossa aldeia ou do mundo, cada ato gentil cria ondas — como pedras jogadas em um lago. E cada onda gera outra. Por isso, é fundamental reconhecer o impacto que causamos e agir para deixar o legado que desejamos.

Irvin Yalom explica que *rippling* refere-se ao fato de que cada um de nós cria, muitas vezes sem perceber, círculos concêntricos de influência que podem afetar outras pessoas por anos ou até gerações. Ou seja, o efeito que temos sobre alguém é passado adiante, assim como as ondulações em um lago continuam até desaparecerem da vista, mas persistem em níveis microscópicos. A ideia de que podemos deixar algo de nós, mesmo além do nosso conhecimento, oferece uma resposta poderosa àqueles que dizem que a falta de sentido é inevitável diante da nossa finitude.

Não sabemos até onde os efeitos de nossas ações podem chegar, nem como podem ajudar os outros, mas sabemos que o que colocamos em movimento pode continuar muito tempo depois de partirmos. Ao fortalecer nossos vínculos e agir com propósito, produzimos impactos positivos para pessoas próximas e distantes. Ao nos unirmos à nossa aldeia, todos nós podemos nos ajudar a ser e fazer melhor.

Num mundo tão conectado como o nosso, percebemos que, de muitas formas, todos fazemos parte de uma grande aldeia. Quanto mais cada um contribuir para esse círculo do bem, melhor estaremos — individual e coletivamente.

Não é preciso um gesto grandioso. Todos podemos causar impacto positivo fazendo o que estiver ao nosso alcance, onde estivermos. Não para sermos lembrados ou alimentar nosso ego, mas para alimentar o círculo do bem.

Juntos, podemos mudar o mundo.

GUIA DE AÇÃO DE RELACIONAMENTO

RECONECTE, REMODELE, REPARE

Reparar e renovar relacionamentos pode ser desafiador, mas, na maioria das vezes, é menos penoso do que conviver com a dor e os prejuízos causados por vínculos disfuncionais. Um único relacionamento problemático pode comprometer sua qualidade de vida como um todo e limitar sua capacidade de alcançar objetivos importantes. Por isso, é fundamental avaliar os relacionamentos que você mantém, investir naqueles que podem ser restaurados e estabelecer limites claros para reduzir o impacto negativo que outras pessoas possam exercer sobre você.

Realizar check-ups periódicos em seus relacionamentos é tão essencial para sua saúde, felicidade e realização pessoal quanto fazer exames físicos de rotina. Ao realizar um check-up relacional, o foco deve estar naquilo que está, de fato, ao seu alcance modificar, aprimorar ou restaurar.

O Guia de Ação oferece orientações práticas sobre como reparar laços rompidos e reformular suas conexões com pais, irmãos, parceiros, filhos, amigos e colegas de trabalho.

VOCÊ E SEU PASSADO

As relações mais importantes da sua vida são aquelas que você mantém consigo mesmo e com o seu passado. Quando não estamos em paz com quem somos, torna-se muito mais difícil reparar ou cultivar vínculos saudáveis com os outros. Há diversas razões pelas quais podemos ter uma relação conflituosa conosco, mas, em geral, as causas mais profundas estão ligadas a crenças negativas formadas na infância e a questões mal resolvidas do passado. É aí então que começaremos:

Para reparar sua relação consigo mesmo e com seu passado: examine as crenças fundamentais negativas que você tem sobre si mesmo e formule um plano para elevar sua autoestima.

Se você acredita que não é bom o bastante ou que não tem valor, será praticamente impossível aceitar de forma genuína os elogios e o afeto que os outros oferecem. Se não se vê como alguém digno de amor e respeito, mesmo as pessoas que mais se importam com você poderão, aos poucos, perder importância aos seus olhos. Se esse é o seu caso, você provavelmente já reconheceu que a baixa autoestima e as crenças negativas que carrega sobre si mesmo representam barreiras significativas à sua felicidade e realização.

Fortalecer sua autoestima é um passo fundamental para restaurar a relação que tem com você mesmo. E, embora esse caminho não seja simples, por mais distante que o objetivo possa parecer, ele é possível — basta avançar um passo de cada vez.

COMO ELEVAR SUA AUTOESTIMA

Pratique a autoaceitação radical

Exercitar seus "músculos" de autoaceitação pode ser difícil no início, especialmente se você não se sentiu aceito na infância ou não usou muito esses músculos. A autoaceitação radical não significa relevar comportamentos negativos ou hábitos prejudiciais. Não é uma forma de escapar da responsabilidade. É uma maneira de estar a par da realidade de que pessoas incríveis às vezes fazem coisas das quais não se orgulham porque são humanas, e isso inclui você.

Uma maneira de melhorar a autoestima e a autoaceitação é atualizar programas mentais antigos com informações mais precisas e capacitadoras. Em outras palavras, substitua a autocrítica negativa por afirmações que se concentrem em suas forças e aspirações. Para fazer isso de forma intencional e consistente, escreva algumas declarações verdadeiras e afirmativas, e comprometa-se a dizê-las em voz alta na frente de um espelho todos os dias. Cada vez que você as disser, inclua um exemplo para lembrar seu cérebro de que aquilo que você está dizendo é verdade. Você pode usar o mesmo exemplo todas as vezes ou exemplos diferentes.

Afirmação positiva:
Sou uma pessoa boa e atenciosa.

Exemplo específico:
Na semana passada, ajudei minha vizinha a limpar o quintal.

Afirmação positiva:
Posso ter mais sucesso.

Exemplo específico:
Tenho um bom emprego e sou um funcionário confiável.

Apresentar uma afirmação com um exemplo específico permite que você se reconecte com esses aspectos positivos de si mesmo, para que possa sentir que é ou está fazendo o que está afirmando. Essa mudança interna momentânea desafia e contraria a autocrítica negativa, e é assim que a mágica acontece.

Agora é a sua vez:

> ***Afirmação positiva:***
> Eu sou digno de amor e respeito.
>
> ***Exemplo específico:***
> Eu me lembro da vez em que ajudei um colega de trabalho com um projeto difícil, demonstrando apoio e respeito por suas habilidades e esforços.

Sei que essa prática pode parecer pequena demais para causar algum impacto real. Na verdade, perdi a conta de quantas vezes precisei insistir para que meus clientes ao menos me ouvissem e tentassem. Mas quase todos ficaram surpresos com a transformação que ela proporcionou. Leva algumas semanas, é verdade, mas, à medida que você se recorda com constância de que é uma pessoa boa e digna, e sustenta essas afirmações com exemplos concretos, seu cérebro começa a ser reeducado a reconhecer e vivenciar a verdade do que está sendo afirmado. E, quando isso acontecer, você poderá se surpreender tanto quanto eles se surpreenderam.

Afirme suas qualidades positivas

- Use os exemplos anteriores para escrever três afirmações e um exemplo específico para sustentar cada uma delas.
- Fique de pé na frente do espelho e programe um *timer* de um minuto.

- Olhe em seus próprios olhos e observe as experiências que você está recordando, interaja com essas lembranças.
- Repita suas afirmações em voz alta até o *timer* apitar.

Dicas

- Faça isso duas vezes ao dia. Pode ajudar realizar a prática pouco antes ou logo após algo que você já faz duas vezes ao dia, como escovar os dentes ou passear com seu cachorro.
- Escreva afirmações em que você acredita e corrobore-as com memórias específicas que permitam que você sinta a verdade do que está afirmando. Após trinta dias, compartilhe sua experiência comigo no LinkedIn (linkedin.com/in/patriciabathory). Isso funciona!

Identifique problemas não resolvidos e foque o que você pode controlar

Se você sente vergonha ou constrangimento em relação ao seu passado — por não ter alcançado o sucesso que desejava, por sua aparência, por traumas ou abusos, ou por qualquer outro motivo — é provável que ainda esteja preso a esse passado. E isso pode tornar extremamente difícil seguir em frente. Ao tentar desenvolver ou manter um relacionamento, você pode se sentir exausto ou sobrecarregado, justamente porque carrega esse peso consigo.

Assim como fortalecer a autoestima, fazer as pazes consigo mesmo e com sua história é um processo contínuo. Mas é um investimento que vale a pena: o relacionamento que você tem consigo mesmo é o único que certamente durará por toda a vida. Por isso, pergunto: você não gostaria de investir em se tornar a pessoa que deseja ser?

Um bom começo é olhar para os eventos que lhe causam dor ou vergonha sob diferentes perspectivas. Em vez de revisitar essas memórias apenas com o olhar da vítima, procure observá-las com curiosidade, buscando descobrir nelas algo que possa ser transformador ou fortalecedor. É claro que ninguém merece ser espancado por pais alcoólatras. Ninguém merece sofrer abuso sexual. Ninguém merece ser humilhado, intimidado ou discriminado. O luto pela vida que você merecia, mas não teve, é legítimo e necessário. A vida, muitas vezes, não é justa, e a verdadeira cura não nasce de um olhar ingênuo ou idealizado. Não estou sugerindo que você minimize sua dor ou a varra para debaixo do tapete. O que proponho é que você processe essas experiências como parte essencial da sua trajetória de cura.

Esse processo leva tempo, mas ele permite que você deixe de desejar um passado diferente e passe a investir no futuro — que é, afinal, o que está ao seu alcance transformar. Se você carrega atrás de si o peso de muitas âncoras, o progresso será inevitavelmente lento. O desafio, então, é transformar essas âncoras em hélices. Se seu pai disse que você nunca chegaria a lugar algum, em vez de se deixar consumir pela raiva ou pela dor, use essa experiência como combustível para provar que ele estava errado — e para afirmar sua fé em si mesmo.

Compreender como os eventos negativos moldaram quem você é hoje permite que você tome as rédeas da própria história, impedindo que esses eventos determinem quem você será amanhã.

O filósofo estoico Epicteto afirmou: "É a nossa atitude em relação aos acontecimentos — e não os acontecimentos em si — que podemos controlar. Nada é calamitoso por natureza; até a morte só é terrível se a temermos". Essa ideia é libertadora, porque nos lembra que há inúmeras coisas sobre as quais não temos controle. Não escolhemos nossos pais nem os acontecimentos mais marcantes do passado — acidentes, doenças, perdas. Mas podemos escolher a forma como pensamos, reagimos e respondemos a tudo isso.

Desaprender o hábito de se preocupar com aquilo que está fora do seu controle — e substituí-lo pela prática de escolher conscientemente como reagir — aumentará a harmonia em sua vida e aproximará você da pessoa que deseja se tornar. Como qualquer mudança significativa, essa exige prática, mas não necessariamente precisa levar muito tempo.

Muitos dos meus clientes encontram apoio na Oração da Serenidade, que recitam com suas afirmações pessoais. Alguns preferem adaptar a palavra "Deus" para algo que ressoe mais com suas crenças: Grande Espírito, Universo ou até seu próprio nome. A oração diz:

"Deus, conceda-me serenidade para aceitar as coisas que não posso mudar, coragem para mudar aquelas que posso e sabedoria para reconhecer a diferença[34]."

Essa breve oração contém uma poderosa sabedoria psicológica. Quando seu foco está no que pode controlar, torna-se inútil gastar tempo e energia remoendo o passado ou desejando que as coisas tivessem sido diferentes. O que faz sentido é direcionar seus recursos — emocionais, mentais e práticos — para escolher uma resposta que produza um impacto positivo. E, quando algo estiver realmente além de seu alcance, invista em melhorar aquilo que estiver ao seu alcance agora.

REPARANDO CONEXÕES COM OS OUTROS

A maneira mais rápida de melhorar qualquer relacionamento é trocar expectativas por curiosidade. Em vez de projetar sobre os outros os seus próprios padrões e exigências, procure conhecer melhor quem são essas pessoas e o que realmente importa para elas. Essa atitude permite aprofundar a compreensão mútua, ampliar seu modo de pensar e enriquecer a convivência. Você pode até descobrir que aquela pessoa que julgava rude, na verdade, é um introvertido gentil e generoso. O segredo está em valorizar as riquezas únicas que cada um tem a oferecer. Quando se adota esse olhar, torna-se evidente que todas as pessoas carregam talentos, virtudes e qualidades que merecem ser reconhecidas.

---

34 WIKIPEDIA, THE FREE ENCYCLOPEDIA. Serenity Prayer. Disponível em: https://en.wikipedia.org/w/index.php?title=Serenity_Prayer&oldid=1178052804. Acesso em: 19 out. 2023.

A prática de compartilhar expectativas, ajustá-las e firmar compromissos — abordada no Capítulo 6 — é especialmente importante quando se está tentando reparar um vínculo. Comece, então, a observar com atenção quando uma expectativa frustrada gera uma reação emocional intensa em você. Esse é um sinal de que talvez seja necessário revisá-la ou reformulá-la.

Uma das ilusões mais comuns em qualquer tipo de relação — seja com amigos, parceiros, irmãos, pais ou filhos — é a crença de que uma única pessoa pode suprir todas as suas necessidades emocionais. Essa expectativa, além de irreal, é perigosa. Em vez de cair nessa armadilha, experimente observar como diferentes vínculos atendem a diferentes dimensões do seu ser: algumas relações oferecem apoio emocional, outras alimentam seu senso de humor, outras ainda despertam sua criatividade ou promovem crescimento espiritual. É por isso que construir uma "aldeia" — um círculo diversificado de relações significativas — é mais saudável do que depender apenas de um ou dois laços muito estreitos. Nenhuma pessoa pode ser o seu "tudo". Por isso, abandone a fantasia da completude e adote uma postura de abertura e curiosidade: o que será que essa pessoa tem de singular a oferecer? Assim, você poderá acolher o que ela traz ao relacionamento de forma mais leve e generosa.

Livre do peso excessivo das expectativas, um relacionamento pode florescer e alcançar seu pleno potencial.

Se você sente ressentimento em relação a alguém, há grandes chances de que essa pessoa tenha frustrado uma expectativa sua — talvez sem nem saber disso. Quanto maior for a distância entre como achamos que alguém *deveria* agir e como essa pessoa *realmente* age, maior tende a ser nossa insatisfação. O paradoxo é que, muitas vezes, aquilo que nos atrai em uma pessoa — suas diferenças, seu jeito próprio de ser — é o que, com o tempo, passamos a rejeitar. Deixamos de admirar a alteridade e começamos a tentar moldá-la segundo nossos critérios. Assim, em vez de nos beneficiarmos da diversidade de pensamentos, comportamentos e valores, acabamos tentando apagar justamente aquilo que, no início, nos encantou.

Para melhorar as conexões, fique atento e resista à inclinação mais que humana de:

- Querer que uma pessoa preencha todas suas necessidades e desejos.
- Perder o apreço pelo que é diferente ou divergente.

Quando alinhamos expectativas com o que é possível, o relacionamento melhora naturalmente.

PAIS

Nossos pais são, na infância, a maior influência sobre quem somos e, consequentemente, sobre quem nos tornamos na vida adulta. Independentemente do que pensemos a respeito deles, carregamos uma necessidade profunda — quase instintiva — de seu amor e aprovação, o que torna difícil superar os impactos de suas atitudes. Por isso, suas palavras e comportamentos costumam ter um peso desproporcional em relação ao que ouvimos de outras pessoas. É essa a razão pela qual ainda "ouvimos" suas vozes em nossa mente, anos depois de os fatos terem ocorrido.

Se nossos pais foram afetuosos e acolhedores, é provável que nossa autocrítica interna tenha herdado um tom compassivo. Mas, se foram duros, frios ou excessivamente críticos, nossa voz interior tende a ecoar essa dureza — ao menos até que façamos o esforço consciente de substituir essa narrativa pela nossa própria.

Durante a infância, é comum enxergarmos nossos pais como figuras quase míticas: heróis infalíveis, que tudo sabem, tudo podem, e cujas palavras soam como verdades absolutas. Eles parecem capazes de resolver qualquer problema, consertar qualquer coisa e até curar nossas dores. Mas, à medida que crescemos — especialmente na adolescência —, começamos a ganhar autonomia e a perceber que nossos pais não são perfeitos. Esse momento de descoberta costuma ser acompanhado por um desejo crescente de afirmação da individualidade. Queremos ser vistos e respeitados como pessoas com ideias e vontades próprias.

Quando os pais não reconhecem ou não respeitam essa necessidade de diferenciação, frequentemente geram nos filhos sentimentos de frustração e mágoa. A rigidez, a falta de escuta ou a desvalorização da opinião dos adolescentes tendem a alimentar a rebeldia, o ressentimento e, em alguns casos, até o afastamento emocional.

Ao entrarmos na idade adulta, não é incomum que esse ressentimento cresça à medida que nossos julgamentos se tornam ainda mais severos:

- Eles foram muito duros conosco ou não foram duros o suficiente.
- Eles foram superprotetores ou muito distantes.

É uma lista interminável que tende a destacar o que tínhamos em excesso e o que faltava. Como aquilo em que nos concentramos tende a crescer, se ficarmos remoendo essa lista, podemos inconscientemente prejudicar o relacionamento com nossos pais.

Como fortalecer a conexão com seus pais

Os pais não são substituíveis, e terminar o relacionamento com eles tem um custo emocional tão alto que geralmente vale a pena tentar melhorar essa relação.

Pare de desejar os pais que você não teve e não tem

Sendo o mais objetivo possível, procure considerar que tipo de relacionamento é viável com cada um de seus pais, partindo do princípio de quem eles são de fato — e não de quem você gostaria que fossem.

Pais perfeitos — que, posso garantir, só existem na ficção ou em nossas fantasias — são aqueles que oferecem um porto seguro constante. São estáveis, oferecem conselhos sensatos, respeitam a individualidade dos filhos e acolhem com generosidade até as ausências mais longas. No entanto, mesmo pais que se aproximam desse ideal falham de vez em quando. No extremo oposto estão aqueles que causaram feridas profundas e, por isso, precisam ser mantidos a uma distância segura na vida adulta, a fim de evitar novos danos. A maioria, porém, situa-se em algum ponto intermediário entre esses dois polos.

Refletir sobre onde seus pais se encontram nesse espectro pode ajudá-lo a estabelecer expectativas mais realistas e a discernir quais formas de relacionamento são possíveis — e quais não são.

Ao aceitar seus pais como eles são, e ao trocar a resistência pela curiosidade, você pode começar a enxergar aspectos que talvez nunca tenha percebido antes. Lembre-se de que, como todo ser humano, você carrega uma necessidade profunda — muitas vezes inconsciente — de amor, reconhecimento e aprovação por parte deles. É justamente por isso que suas opiniões e atitudes, mesmo na vida adulta, ainda podem exercer uma influência desproporcional sobre você. E essa influência, por sua vez, pode ser amplificada por expectativas irreais.

Você está, por exemplo, investindo tempo e energia para tentar agradar pais que sempre foram excessivamente críticos? Está buscando amor, atenção ou aprovação de pessoas que nunca lhe ofereceram isso antes? Perguntar-se sinceramente sobre essas questões pode ser o primeiro passo para libertar-se de padrões que limitam seu bem-estar e sua autonomia emocional.

Mire no melhor relacionamento possível

Conhecer quem seus pais realmente são é libertador. Isso permite que você se concentre em desenvolver o melhor relacionamento possível com eles. Em vez de tentar mudá-los, você tem a oportunidade de mudar a forma como interage com eles, tendo em mente as limitações deles e as suas próprias.

Você pode ter pais supercríticos, que acham que tudo o que você faz está errado ou nunca é bom o suficiente. Talvez seus pais sejam reclamões irredutíveis, insatisfeitos com quase tudo. Ou podem ser desligados, distantes ou egocêntricos. Gostaria de oferecer uma solução única para todos os problemas que você enfrenta, mas o impacto que seus pais têm sobre você é específico à sua situação. Por isso, aqui está o que sugiro:

- Tente identificar razões específicas pelas quais o relacionamento não está indo bem. Na sua opinião, por que seus pais são tão irritados e difíceis?
- Tente identificar como o traço de personalidade que você não gosta neles o machuca e depois identifique momentos em que eles exibem esse comportamento com outras pessoas. Por exemplo, se você se magoa com as críticas dos seus pais e observa que eles criticam outras pessoas, é mais fácil não levar para o lado pessoal. Eles não são críticos apenas com você, é assim que eles agem com outras pessoas também.
- Descobrindo isso, você pode mudar sua maneira de pensar:
    - De "Meus pais são supercríticos comigo" para "Meus pais são pessoas supercríticas".
    - De "Meus pais estão sempre reclamando e nunca estão satisfeitos com nada que eu faço" para "Meus pais são reclamões, nunca estão satisfeitos com nada".
    - De "Meus pais estão muito ausentes em minha vida, eles não me amam" para "Meus pais são desligados em geral".

No fim das contas, você passa de "Tem a ver com você" para "Tem a ver com eles". Isso ajuda a perceber que o traço de personalidade dos seus pais não tem nada a ver com você, ainda que te afete. Não é pessoal.

Outra maneira de investir no melhor relacionamento possível é se conectar com seus irmãos para comparar histórias e desabafar. Seus irmãos podem oferecer soluções ou técnicas que você não considerou. No mínimo, relembrar e comparar observações sobre as idiossincrasias dos seus pais pode ser um alívio cômico. O humor pode ser uma ferramenta poderosa nos relacionamentos. Você até pode compartilhar a piada com seus pais. Às vezes, brincar com o mau humor, as queixas ou as críticas pode ajudar a melhorar esses relacionamentos — uma piada de cada vez.

Independentemente de usar o humor ou outras ferramentas, a busca final é aprender a ser menos afetado pelos traços de personalidade negativos dos seus pais.

Reacenda sua admiração por eles, se for possível, e estenda o perdão, se não for

À medida que você envelhece e suas responsabilidades aumentam em tamanho e número, é fácil deixar de admirar a maneira como seus pais faziam as coisas. Isso pode não parecer um grande problema, mas, quando a apreciação se vai, ela leva também a admiração e o respeito, e o relacionamento sofre.

Para reacender a admiração ou abrir caminho para o perdão, costumo propor aos meus clientes que relatem as histórias que justificam seus ressentimentos em relação aos pais — mas sob a perspectiva dos próprios pais, e não da deles. Quando passam a narrar os fatos colocando-se no lugar de seus genitores, as falhas e limitações desses pais são reinterpretadas sob uma nova luz. Esse exercício de reformulação estimula a empatia e reduz o julgamento.

Muitas vezes, ao perceber que seus pais fizeram o melhor que podiam com os recursos emocionais, materiais e culturais que tinham à disposição, os clientes experimentam um deslocamento interior. Quando compreendem que, diante das mesmas circunstâncias, talvez também não tivessem feito muito diferente, ressentimentos enraizados começam a dar lugar à compreensão. Isso é benéfico para os pais, mas ainda mais transformador para os próprios filhos.

Sinto-me profundamente gratificada ao testemunhar esse processo. É como se houvesse uma passagem da água para o vinho: os traços faciais se suavizam, os olhos ganham outro brilho. Essa virada permite uma percepção mais generosa dos atributos dos pais — e, por extensão, de si mesmos.

É importante lembrar que a maioria dos conhecimentos que temos hoje sobre desenvolvimento infantil foi sistematizada ao longo do século XX, mas só começou a se disseminar amplamente nas últimas décadas. Por isso, não é justo comparar os métodos educativos dos nossos pais com os nossos. Vivemos numa época em que temos acesso a milhares de livros, artigos e recursos digitais que enfatizam a importância de acolher os sentimentos e as individualidades das crianças. Também contamos com uma vasta gama de pesquisas sobre os impactos de diferentes estilos parentais. Embora não exista uma fórmula infalível para educar, os pais de hoje contam com muito mais ferramentas e referências do que as gerações anteriores.

Tente imaginar como seria criar filhos sem saber nada do que você hoje considera óbvio. Esse exercício pode, no mínimo, suscitar mais compaixão por aqueles que o criaram.

Contudo, nem sempre é possível resgatar a admiração — e, infelizmente, em muitos casos, essa não é uma opção realista. Nesses casos, o objetivo mais saudável pode ser apenas buscar um relacionamento minimamente pacífico. Independentemente das atitudes dos seus pais, você ainda pode escolher deixar parte do rancor para trás e, quem sabe, trilhar um caminho em direção ao perdão, construindo interações mais serenas.

E, quando até isso se mostra inviável, pode ser necessário o afastamento. Nessas situações, é importante lembrar que, embora certas cicatrizes permaneçam, você sobreviveu — e essa sobrevivência é a prova de que possui forças não apenas para se proteger, mas também para se curar e prosperar.

IRMÃOS E IRMÃS

Nos primeiros anos de vida, somos lançados, com maior ou menor conforto, à convivência com outras crianças às quais se espera que amemos e com quem desenvolvamos laços duradouros: nossos irmãos. Eles compartilham conosco os pais, o cotidiano e, sobretudo, a memória de uma infância comum. São, além de nossos pais, os únicos que testemunham de perto o início de nossa história. Essa experiência pode gerar uma conexão profunda e leal, uma relação marcada por antagonismos ou, como frequentemente ocorre, algo entre esses dois extremos.

Exceto em casos de rompimento irrecuperável, diversos estudos indicam que cultivar uma relação amigável com os irmãos vale o esforço. Há momentos em que cortar os laços pode parecer tentador — sobretudo quando há mágoas antigas ou conflitos persistentes —, mas esse afastamento pode cobrar um preço emocional mais alto do que manter uma convivência civilizada, ainda que esporádica, do tipo "nos encontramos uma vez por ano".

O dr. Shawn Sidhu, psiquiatra do Centro de Ciências da Saúde da Universidade do Novo México, observa que os vínculos com os irmãos tendem a ser os mais duradouros de nossas vidas[35]. Justamente por isso, vale a pena investir na manutenção ou no fortalecimento dessas relações. A literatura científica também aponta que, na velhice, o relacionamento com os irmãos pode ser um dos fatores mais significativos para a saúde física e o bem-estar emocional. Um estudo conduzido na Suécia revelou, por exemplo, que, aos 80 anos, ter uma relação satisfatória com os irmãos exerce mais influência sobre o humor e a saúde do que vínculos positivos com amigos ou filhos adultos[36].

Ter irmãos por perto, sobretudo em relações próximas e afetuosas, pode gerar impactos concretos: o apoio de quem nos conhece desde sempre aumenta a probabilidade de concretizarmos nossos objetivos, realizarmos sonhos e deixarmos um legado com sentido.

---

35 SIDHU, S. The importance of siblings. *Health Sciences Newsroom*, University of New Mexico, 7 jan. 2019.

36 MCCAMISH-SVENSSON, C.; SAMUELSSON, G.; HAGBERG, B.; SVENSSON, T.; DEHLIN, O. Social relationships and health as predictors of life satisfaction in advanced old age: results from a Swedish longitudinal study. *The International Journal of Aging & Human Development*, v. 48, n. 4, p. 301-324, 1999. Disponível em: https://psycnet.apa.org/doi/10.2190/GX0K-565H-08FB-XF5G. Acesso em: 24 abr. 2024.

Contudo, alcançar uma convivência harmônica com os irmãos nem sempre é simples. Diferenças de personalidade, valores opostos ou mágoas mal resolvidas podem criar barreiras difíceis de transpor. Em outros casos, o afastamento ocorre de forma gradual, impulsionado pela rotina e pelas demandas da vida adulta. Há irmãos que se distanciam sem sequer saber ao certo o porquê.

Como reparar conexões com irmãos

Avalie o custo da rivalidade ou do afastamento
Isso está drenando uma energia que você poderia estar usando para alcançar seus objetivos? Até que ponto você está empenhado em manter essa separação? Como você poderia se beneficiar ao restaurar o relacionamento para um nível amigável? O que aconteceria se você se comprometesse e investisse totalmente no relacionamento para colher todos os seus benefícios potenciais?

Pare de desejar irmãos que você não tem e encontre razões autênticas para ser mais grato pelos que você tem
Se você só vê defeitos em seus irmãos, tente olhar para eles com mais generosidade, compaixão e curiosidade, e talvez encontre qualidades que aprecia e admira. Além disso, seus irmãos são as únicas pessoas com quem você compartilha décadas de piadas internas da família.

PARCEIRO OU ESPOSA

Ao contrário da família em que nascemos, o parceiro de vida é uma escolha — mas, com o tempo, essa escolha se transforma em pertencimento. O parceiro se torna família, e, como tal, cada vez menos uma alternativa que se pode abandonar ou pausar. Nos momentos difíceis, não é possível simplesmente se afastar, como às vezes fazemos com pais, irmãos ou amigos. O compromisso mútuo exige presença, escuta e esforço contínuo para construir uma vida em comum mais harmoniosa.

Ainda assim, mesmo com a melhor das intenções, os conflitos surgem. É comum que haja visões distintas sobre como lidar com o dinheiro — quanto gastar, quanto economizar, onde investir. Há divergências sobre o significado do casamento, sobre o que constitui uma relação conjugal saudável e, se há filhos, sobre como educá-los: regras, recompensas, punições. As diferenças também aparecem nas miudezas do cotidiano — e, muitas vezes, é nelas que mora a faísca do atrito.

Você prefere que o assento do vaso sanitário fique sempre abaixado, com a tampa fechada. Seu parceiro considera essa preocupação um exagero. Ele acha que o gramado precisa estar sempre bem aparado; você prefere o charme resistente das flores silvestres, que demandam menos água. Isoladamente, são apenas pequenas divergências, mas, com o passar do tempo, essas diferenças podem se acumular como pedras no sapato. E então, em vez de se concentrar nas afinidades e nas qualidades que os aproximam, você começa a fixar o olhar nas fricções, no que o separa do outro — e, sobretudo, no que o irrita.

Como reparar sua conexão com seu parceiro

Examine suas reclamações

Comece elaborando uma lista com três a cinco das suas principais reclamações. Em seguida, reflita se cada uma delas decorre de algo que seu parceiro realmente pode mudar ou se está ligada a traços profundos de personalidade. Esperar que um cônjuge introvertido se torne o centro das atenções é uma expectativa irreal, mas desejar que ele receba seus amigos com cordialidade em casa é um pedido razoável.

Se você gostaria que seu parceiro fosse mais romântico — que a surpreendesse com pequenos presentes, fizesse gestos atenciosos ou a convidasse para dançar — e ele não reage como você esperava, isso não significa necessariamente que ele não se importe ou que não a ame. As pessoas têm diferentes formas de expressar amor e afeto, assim como diferentes maneiras de desejar ser amadas. No entanto, é importante não permitir que essas diferenças encubram a realidade: seu parceiro pode, sim, amá-la profundamente.

Talvez ele sempre deixe seu carro com o tanque cheio. Talvez prepare o jantar, organize as lancheiras das crianças, lave suas roupas ou cuide da manutenção do seu veículo. Preste atenção ao significado que você tem atribuído ao que seu parceiro faz — e ao que deixa de fazer. Analise se suas conclusões realmente correspondem à verdade ou se são fruto de uma interpretação enviesada. As ações só têm o significado que você as confere.

Em vez de se prender a uma narrativa negativa, você pode escolher atribuir um sentido mais generoso às atitudes da outra pessoa. Por exemplo, se ele ou ela trabalha longas horas, talvez isso não seja descaso, mas um esforço consciente para garantir um futuro mais estável para ambos. Em vez de reclamar da falta de atenção no presente, considere reconhecer o sacrifício envolvido.

Se você deseja ser mais feliz ao lado do seu parceiro ou da sua parceira, crie uma narrativa que se harmonize com o rei ou a rainha que você deseja que ele ou ela seja. Não há razão para permanecer aprisionado em uma rotina negativa quando é possível transformar sua experiência apenas ampliando seu olhar e reformulando seu ponto de vista. Muitas vezes, ressignificar a situação atual é o primeiro passo para desencadear uma sequência de mudanças positivas.

Reconecte-se com sua atração inicial

Pegue a estrada da memória e relembre por que você se sentiu atraída pelo seu parceiro quando se conheceram. Quais qualidades o tornaram especial? Como você se sentiu quando estava com ele e por quê? O que você contou aos seus amigos sobre como vocês se complementavam?

O que você provavelmente descobrirá é que algumas das coisas que te irritam são as mesmas coisas que você achou atraentes no início do seu relacionamento.

Inicialmente atraente
Ele me deixa escolher qualquer restaurante ou filme que eu quiser.
Agora irritante
Ele nunca toma a iniciativa de planejar o programa.
Eu tenho que tomar todas as decisões sozinha.

Inicialmente atraente
Ele é tão organizado! Ele organizou a despensa, fez uma planilha para as contas e até criou um cronograma de manutenção para os eletrodomésticos.
Agora irritante
Ele é tão controlador! Ele tenta controlar tudo o que faço. Na semana passada, ele me deu uma lista do que eu deveria limpar toda semana e qual produto de limpeza eu deveria usar.

Inicialmente atraente
Ela passa horas se arrumando para nossos encontros e sempre parece estar impecável da cabeça aos pés.
Agora irritante
Ela demora uma eternidade para se arrumar para sair, mesmo que a gente vá apenas comer pizza. Ela precisa estar tão produzida todas as vezes?

Inicialmente atraente
Finalmente, tenho uma namorada que tem uma vida própria. Ela nunca reclama quando eu trabalho até tarde ou saio com meus amigos.
Agora irritante
Ela é tão egocêntrica. Ela não se importa com nada a não ser consigo mesma. Se eu desaparecesse amanhã, acho que ela nem perceberia.

Relembrar de como você achou essas características atraentes no começo pode ajudá-lo a refrescar e ressignificar seus significados.

FILHOS

Todo pai nutre sonhos sobre quem seus filhos serão, o que farão juntos ao longo dos anos e, por vezes, até mesmo sobre o que espera que eles "se tornem". Esse desejo é compreensível. No entanto, acreditar que seus filhos vão se empenhar em realizar o projeto de vida que você imaginou para eles é uma ilusão. Uma etapa natural do amadurecimento é justamente o distanciamento em relação aos pais e aos seus sonhos. As crianças querem ser ouvidas, respeitadas e reconhecidas como indivíduos — e é aí que, frequentemente, começam os conflitos.

Mas, se você compreende que seus filhos estão destinados a crescer e se tornar pessoas únicas — e não meras extensões suas —, então será profundamente gratificante encorajar seus próprios sonhos e celebrar as escolhas que fizerem. E, caso ainda não consiga agir assim, ao menos evite dizer ou fazer algo que possa comprometer irremediavelmente o vínculo entre vocês.

Manter um relacionamento tenso com os filhos pode causar intensa dor emocional. Muitos pais interpretam isso como um fracasso pessoal, mesmo quando fizeram todo o possível para melhorar a relação. O momento em que um filho decide cortar os laços com os pais costuma gerar incertezas e uma tristeza profunda. É comum que os pais se sintam abandonados — e, ao mesmo tempo, se perguntem se foram eles, de fato, os primeiros a abandonar o filho. Não há vencedores nesse cenário.

Uma pesquisa conduzida com mais de oitocentas pessoas pela psicóloga Lucy Blake, autora do livro *No Family Is Perfect: A Guide to Embracing the Messy Reality* [*Nenhuma família é perfeita: um guia para aceitar a complicada realidade*, em tradução livre], revelou que, nos casos de afastamento entre pais e filhos adultos, geralmente é o filho quem toma a iniciativa de romper a conexão[37].

---

37 BLAKE, L.; BLAND, B.; GOLOMBOK, S. *Hidden voices: family estrangement in adulthood.* University of Cambridge Centre for Family Research; Stand Alone, 10 dez. 2015. Disponível em: https://www.standalone.org.uk/wp-content/uploads/2015/12/HiddenVoices.FinalReport.pdf. Acesso em: 24 abr. 2024.

As razões para esse afastamento variam: podem incluir desde divergências de valores até experiências de abuso emocional, físico ou sexual. Também existem adultos que, ao longo da infância, sentiram-se sufocados pelas exigências emocionais dos pais e, com o passar do tempo, resistiram a essa pressão ao buscar mais autonomia. Outro motivo frequente é a sensação de responsabilidade desproporcional pela felicidade dos pais. Ouço com frequência filhos afastados expressarem o desejo de estabelecer limites mais claros como condição para uma possível reconciliação.

Como observa Andrew Solomon em *Longe da Árvore: pais, filhos e a busca pela identidade*, “Não há contradição entre amar alguém e sentir-se sobrecarregado por essa pessoa. Na verdade, o amor tende a aumentar o fardo”[38].

Independentemente das causas da ruptura, os pais tendem a atribuir o afastamento ao divórcio, à influência do parceiro do filho ou a uma suposta criação permissiva. É difícil para eles aceitarem que seus filhos adultos possam sentir alívio — e até liberdade — ao encerrar o vínculo. Em muitos casos, os pais relatam experimentar sentimentos intensos de vergonha, perda, tristeza, arrependimento e fracasso pessoal.

Como reparar seu relacionamento com seus filhos

Respeite a individualidade e escolhas do seu filho

Muitos pais enxergam seus filhos como extensões de si mesmos, em vez de reconhecê-los como indivíduos únicos. Nosso papel, no entanto, não é presumir quem eles são, mas nos dedicarmos a conhecê-los verdadeiramente.

Se você se acostumou a falar pelos seus filhos, nunca é tarde para se reeducar. Por exemplo, em vez de afirmar: “Não, ela não vai gostar disso”, experimente dizer: “Acho que ela pode não gostar, mas vamos

38 SOLOMON, A. *Longe da árvore*: pais, filhos e a busca pela identidade. São Paulo: Companhia das Letras, 2013.

perguntar — só assim saberemos com certeza". As crianças estão em constante transformação, especialmente à medida que enfrentam o desafio de se tornarem adultas. Muitas vezes, nem elas sabem ao certo do que gostam ou não. Como, então, podemos ter tanta certeza em seu lugar?

Ser pai ou mãe exige equilibrar orientação e liberdade. É uma linha tênue entre oferecer direção e permitir que descubram por si próprios suas preferências e valores. Na adolescência, isso se torna ainda mais crucial. Precisamos reconhecer e respeitar sua necessidade de se diferenciar de nós. Adotar uma postura autoritária — do tipo "É do meu jeito ou nada feito" — pode gerar obediência momentânea, mas não cultiva respeito mútuo.

Para construir um relacionamento amoroso, confiável e respeitoso com adolescentes, é fundamental ouvi-los de forma genuína. Ainda que tenhamos a palavra final em questões como o horário de chegada em casa, até que completem 18 anos, escutá-los com atenção e abertura quando apresentam seus argumentos para flexibilizar ou ajustar uma regra faz toda a diferença. Mesmo que a resposta final seja "não", o que ficará marcado na memória deles será o fato de que você se dispôs a ouvir.

Quando se tornam adultos, essa escuta se torna ainda mais importante. Por isso, a adolescência é um bom momento para começar a praticar. E, se isso ainda não é um ponto forte seu, não se preocupe: nunca é tarde para melhorar. Os resultados podem não ser imediatos, mas, com consistência e boa vontade, as mudanças virão.

Não aja como se eles lhe devessem algo

Não espere gratidão de seus filhos. E, pior ainda, não lhes diga que *devem* ser gratos por tudo o que você fez ou sacrificou por eles. Seus filhos não pediram para nascer — nem para serem adotados. Independentemente das circunstâncias que envolveram sua concepção ou nascimento, eles não carregam responsabilidade alguma por isso. Portanto, não é justo esperar que sejam gratos.

Receber gratidão, é claro, é algo prazeroso — não me entenda mal. Como afirmou Cícero: "A gratidão não é apenas a maior de todas as virtudes, mas a mãe de todas as outras". Ainda assim, ela não deve ser tratada como uma forma de retribuição pelos cuidados que você ofereceu. O verdadeiro "pagamento" está no amor compartilhado, nas demonstrações de afeto e nas risadas vividas juntos. A gratidão, quando vem, é um bônus — a cereja do bolo.

Muitas vezes, os filhos só se dão conta da gratidão que sentem quando crescem e passam a criar os próprios filhos. Um amigo meu, Tom, costumava não refletir muito sobre os sacrifícios que seu pai fizera por ele. Mas isso mudou quando ele se viu repetindo os mesmos gestos de dedicação com os próprios filhos — levava-os a treinos de hóquei, acompanhava jogos, organizava viagens para torneios em outras cidades.

"Percebi que meu pai fez tudo isso por mim sem jamais reclamar ou sequer mencionar", ele me contou.

O pai de Tom ainda estava vivo, e ele teve a chance de expressar-lhe sua gratidão — o que foi maravilhoso para ambos. No entanto, em muitos casos, essa compreensão só chega quando os pais já se foram. E é importante que isso não se torne um problema para você. Pois, no momento em que sua expectativa passa a condicionar o relacionamento com seus filhos, a conexão entre vocês começa a correr risco.

A seguir, compartilho as frases iniciais de um dos meus textos favoritos sobre filhos. Os pais que conheço e que colocam em prática esse ensinamento costumam construir vínculos mais fortes, amorosos e duradouros com seus filhos.

Sobre os filhos

Seus filhos não são seus filhos.
Eles são filhos e filhas do anseio da Vida por si mesma.
Eles vêm por meio de você, mas não de você,
E, embora estejam com você, ainda assim não pertencem a você.
— Khalil Gibran[39]

39 GIBRAN, K. On children. *In*: *The Prophet*. New York: Knopf, 1923. (Reimpresso pela Vail-Ballou Press.) Tradução livre.

AMIGOS

Há muita verdade na expressão que diz que os amigos são a família que escolhemos. Como essa escolha é mútua, as amizades têm o potencial de se tornar relacionamentos extraordinários. Vocês gostam um do outro — o que facilita a convivência —, muitas vezes compartilham mais interesses do que com o parceiro ou com os próprios filhos, e não precisam lidar com os desafios constantes que marcam os vínculos conjugais ou familiares. Além disso, quando uma amizade nasce, ela representa um recomeço, livre da bagagem emocional que geralmente acompanha os relacionamentos com pais e irmãos.

No entanto, mesmo nas melhores amizades, podemos agir ou falar de modo pouco consciente, e isso, com o tempo, pode fragilizar o vínculo. Piadas que ferem, cancelamentos de última hora ou uma comunicação negligente — sob o pretexto de que "eles te entendem" — são exemplos de atitudes que, mesmo sem intenção, podem minar uma amizade.

Como reparar sua conexão com seus amigos

Seja franco e honesto

Quando uma amizade está tensa, muitas vezes é por causa de má comunicação, distanciamento devido às demandas da vida ou distanciamento natural, então o primeiro passo é dizer ao seu amigo o que você está sentindo e perguntar se ele tem sentido algo semelhante. Independentemente disso, vocês podem analisar qual é a raiz dos seus sentimentos e encontrar um caminho juntos.

Faça do seu amigo uma prioridade

Depois de identificar o problema e definir um plano de reparação, não deixe o assunto de lado porque está muito ocupado. Normalmente, as pessoas estão ocupadas demais apenas para as coisas que não querem fazer. Priorizar a amizade significa investir nela assim como você investe em outras coisas que valoriza, então seja cuidadoso com sua amizade. Agende chamadas e visitas, organize eventos, seja um membro de apoio da aldeia do seu amigo e celebre suas conquistas.

Continue confidenciando a ele

Confidenciar para seu amigo é uma forma de intimidade emocional que protege sua conexão contra a erosão. Portanto, não deixe essa parte da sua amizade decair quando estiver se sentindo sobrecarregado pelas demandas diárias da vida. Você precisa se conectar com seus amigos com frequência e reservar tempo suficiente para mergulhar além do superficial nas trocas mais significativas que sustentam e fortalecem as amizades.

PESSOAS NO TRABALHO (CHEFE, COLEGAS, FUNCIONÁRIOS)

Antes da aposentadoria, uma pessoa adulta passa cerca de metade do seu tempo acordada no trabalho. Portanto, se você não se dá bem com seu chefe, colegas ou subordinados, conflitos e crises podem consumir quase um terço da sua vida e comprometer sua saúde.

Pesquisas conduzidas por Leigh Branham, autora de *The 7 Hidden Reasons Employees Leave* [Por que seus funcionários mais talentosos não querem ficar?], indicam que apenas 12% dos funcionários deixam uma organização[40] em busca de um salário maior. A grande maioria sai por insatisfação com o trabalho que realiza ou com as pessoas com

40 STURT, D.; NORDSTROM, T. 10 shocking workplace stats you need to know. *Forbes*, 8 mar. 2018. Disponível em: https://www.forbes.com/sites/davidsturt/2018/03/08/10-shocking-workplace-stats-you-need-to-know/?sh=36be2b4f3afe. Acesso em: 24 abr. 2024.

quem trabalha ou para quem trabalha. Segundo o The Conference Board, uma organização de pesquisa sem fins lucrativos, 53% dos americanos estão infelizes no ambiente profissional.

Outro estudo, realizado ao longo de dez anos com duzentos mil participantes, revelou que 79% das pessoas que deixaram seus empregos fizeram isso principalmente porque não se sentiam valorizadas. A pesquisa mostrou ainda que, quando os funcionários se sentem reconhecidos por seus gestores, avaliam melhor a comunicação, o estabelecimento de metas, a confiança e a responsabilidade desses líderes.

Se você é um gestor, pode melhorar a satisfação e a retenção dos funcionários fortalecendo o relacionamento com sua equipe e promovendo uma cultura harmoniosa e colaborativa. Agora, se você é um colaborador, pode estar esperando que seu chefe ou alguém em cargo superior melhore o ambiente; porém, 58% dos gerentes, segundo um estudo do CareerBuilder.com, afirmaram não ter recebido nenhum treinamento em gestão. Isso significa que sua liderança talvez não saiba como promover melhorias ou nem sequer tenha consciência de que as pessoas estão saindo devido à cultura vigente.

Você pode ajudar a iniciar essa mudança, incentivando a administração a valorizar a gratidão e a desenvolver melhores relacionamentos, propondo iniciativas e sugerindo workshops que auxiliem a equipe a aprender e aplicar as melhores práticas no convívio profissional.

Como consertar relacionamentos no trabalho

Uma das maneiras mais eficientes de reparar relacionamentos no trabalho é focar-se em melhorar o ambiente de trabalho e a cultura da empresa.

Veja-se como parte da equipe

Seja você um gerente, funcionário ou proprietário do negócio, todos estão na mesma equipe, trabalhando para alcançar os mesmos objetivos.

Ser um membro valioso da equipe requer confiança e comunicação aberta, dois dos ingredientes essenciais que fortalecem os relacionamentos e criam laços fortes. Ao tratar todos de forma igual, você pode começar a mudança de uma mentalidade competitiva para uma cooperativa, não importa qual seja o seu papel na organização. Se você é o chefe ou o proprietário, fomentar um ambiente colaborativo criará relacionamentos mais importantes para você e seus funcionários, e reduzirá radicalmente os custos de rotatividade.

Mostrar apreciação por todos com quem você trabalha

A mudança mais poderosa que você pode promover é desenvolver o hábito de expressar seu apreço. Se isso não for algo natural para você, estabeleça uma meta diária de quantas pessoas agradecerá, acompanhando e registrando seu progresso. Todos precisam de comunidade, conexões significativas e validação. Ao assumir o papel de cultivador da gratidão, você ajuda não apenas os outros a se sentirem mais valorizados, mas também a si mesmo.

Karl Sun, cofundador e CEO da Lucidchart e da Lucid Software, afirma: "A gratidão é uma necessidade humana básica e, como passamos a maior parte do tempo acordados no ambiente de trabalho, dar e receber agradecimentos torna-se fundamental"[41]. Há evidências de que os benefícios da gratidão no local de trabalho são ainda mais relevantes do que a autoestima e a autoeficácia, possivelmente porque a gratidão é contagiosa. Ao expressar sua apreciação pelo que alguém diz ou faz, você pode criar um efeito dominó capaz de impulsionar todo o seu departamento.

A gratidão melhora a saúde física e mental, eleva a autoestima e a resiliência emocional, contribui para a qualidade do sono, amplia a

41 WESTOVER, J. H. The benefits of showing gratitude in the workplace. *Forbes*, 29 dez. 2020. Disponível em: https://www.forbes.com/sites/forbescoachescouncil/2021/12/29/the-benefits-of-showing-gratitude-in-the-workplace/?sh=493759d817. Acesso em: 24 abr. 2024.

empatia e reduz a agressividade. Portanto, quanto mais você cultivar a gratidão no ambiente profissional, melhor será o clima para todos.

Mantenha uma atitude positiva

Ser criticado, não atender às expectativas, não alcançar metas, ter sua contribuição ignorada, ser ignorado ou desprezado em uma reunião e receber mais responsabilidade sem um aumento de salário são apenas algumas das situações que podem testar nossa maturidade emocional. O desafio é superar o impulso de ser negativo, vingativo, defensivo, mesquinho ou descontente quando essas coisas acontecem.

Manter uma atitude positiva significa:

- Reconhecer que você é responsável por criar um ambiente de trabalho agradável para que você e as pessoas com quem trabalha possam fazer o melhor.
- Responder às críticas e feedbacks sendo aberto em relação a coisas em que você pode melhorar, em vez de se sentir pessoalmente atacado.
- Tratar todos com respeito, não importa como eles estejam se comportando.
- Aprender a ver desafios e problemas como oportunidades.

Encerrar este livro é, na verdade, fazer um convite — um convite para que você passe a olhar com mais gentileza e curiosidade para os seus relacionamentos, pois são eles, afinal, que definem a qualidade da nossa vida. Escrevi estas páginas movida por um desejo profundo de compartilhar algo que vejo diariamente em meu consultório: independentemente da idade, profissão ou fase da vida, os maiores desafios que nos causam sofrimento costumam surgir das dificuldades para nos conectar verdadeiramente com os outros, com nós mesmos e com o mundo. Ao longo dos anos, mergulhei em estudos, pesquisas e experiências que confirmaram aquilo que meus olhos já sabiam:

não existe sucesso duradouro nem felicidade genuína sem relações saudáveis. Se esta leitura despertar em você o desejo de cuidar melhor dos seus vínculos, fortalecer suas conexões ou recomeçar de um modo novo, então minha missão já estará cumprida.

AGRADECIMENTOS

Para meus clientes, as mudanças que vocês promovem e os passos que dão para viver a vida a que aspiram são profundamente inspiradores. Vocês reforçam minha convicção de que aprimorar nossas habilidades relacionais pode nos tornar mais felizes, saudáveis e bem-sucedidos. Agradeço por permitirem que eu alimente este círculo do bem ao compartilharem suas histórias. O que é mais íntimo é, ao mesmo tempo, o mais universal, e suas experiências certamente ajudarão outros a trilharem suas próprias jornadas.

Aos meus professores, instrutores e mentores, estar sobre seus ombros me possibilitou enxergar como os relacionamentos permeiam todos os aspectos de nossas vidas, e entender que fortalecer nossas conexões nos oferece a melhor chance de êxito.

Aos pesquisadores que trabalham incansavelmente na busca para desvendar os mistérios das relações humanas, sou profundamente grata por seus empenhos. Saúdo o valor de suas contribuições.

Elizabeth Wallace, obrigada por me acolher quando cheguei ao Canadá e por esclarecer os requisitos para a prática da psicanálise, bem como os caminhos para a obtenção das credenciais necessárias. Sou imensamente grata por sua orientação.

Aos meus colegas de psicoterapia, agradeço por compartilharem generosamente suas perspectivas acerca da relação entre relacionamentos e sucesso. Um agradecimento especial a Derrick Shirley pelo trabalho exemplar que tem realizado ao ajudar homens a navegarem nas complexidades dos relacionamentos em nosso mundo em constante transformação.

Irvin Yalom, seu modelo de psicoterapia existencial, a abordagem "aqui e agora" e suas técnicas terapêuticas constituem a base da minha prática privada, promovendo uma diferença significativa na vida de meus clientes. Do fundo do meu coração, obrigada.

Malcolm Gladwell, agradeço por sua coragem em explorar uma ampla variedade de perspectivas e revisitar "verdades" tidas como certas. As teorias que você apresenta em seus livros, bem como as discussões em seu podcast *Revisionist History*, são brilhantes exemplares da troca da certeza pela curiosidade.

Ronaldo Pereira, Alberio Bathory-Frota, Daniela Castro, Lara Bezerra e Brad Aronson, sou grata pela diferença positiva que vocês promovem em suas comunidades e pelos efeitos em cascata que espalham pelo mundo. É uma honra compartilhar suas histórias de sucesso. Brad, obrigada também por dividir generosamente seu conhecimento sobre o mercado editorial de livros.

Windword Literary Services, agradeço por apoiar a minha visão para este livro, desde o desenvolvimento do conceito até a edição. Toni Robino, seu método de arquitetura de livros facilitou a organização das minhas ideias e a criação de uma obra bela e coerente. Obrigada por seus padrões tão elevados, por suas expectativas desafiadoras e por me assegurar de que eu poderia superá-las. Doug Wagner, suas observações perspicazes e edição fizeram meu manuscrito brilhar. Sou imensamente grata a ambos por ajudarem meu sonho de escrever este livro a se concretizar.

Josh Linkner e Kristen Ziman, obrigada por compartilharem suas percepções sobre a indústria editorial e por sua experiência como palestrantes profissionais.

Amplify Publishing Group, editora da versão em inglês deste livro, por acreditarem no projeto. Naren Aryal, obrigado por ir além! Para Will Wolfslau, Jenna Scafuri e a equipe de design da Amplify, reconheço e aprecio sua *expertise*, profissionalismo e entusiasmo.

Editora Labrador, em especial Daniel Pinsky e Pamela Oliveira, pelo profissionalismo e paciência quando eu insistia que ainda precisávamos de mais uma edição na tradução para o português.

A Mayara Facchini, da Histórias Bem Contadas, por ter ajudado a, finalmente, chegarmos na versão final do texto.

A todos da minha aldeia, sou imensamente grata pelo apoio incondicional durante minha vida e especialmente ao longo deste projeto. Vocês me incentivaram, procuraram saber como eu estava e depositaram total confiança na minha capacidade de concluir esta obra.

Mãe, obrigada por me dizer que eu deveria escrever um livro e por me encorajar a fazê-lo. (Não desista do meu romance — quem sabe ele não venha a acontecer no futuro.)

Tico, obrigada por ler os rascunhos dos meus capítulos, discutir comigo as ideias deste livro e ajudar a decidir o que seria mais significativo para os leitores. Escalar essa montanha foi muito mais prazeroso e menos assustador com você ao meu lado.

Bela e Sasa, obrigada por não permitirem que eu leve a vida tão a sério. Vocês tornam tudo infinitamente melhor. Amo vocês mais do que jamais imaginei ser possível amar.

Lauro, obrigada por acreditar em mim a cada passo da jornada, especialmente quando dou grandes saltos de fé. Quanto mais tempo passamos juntos, mais eu te amo e admiro sua certeza de que “tudo vai dar certo”. Você é o meu paraquedas.

FONTE Bodoni URW, Freight
PAPEL Chambril Avena 80g/m²
IMPRESSÃO Paym

FSC
www.fsc.org
MISTO
Papel produzido
a partir de
fontes responsáveis
FSC® C133282